필승합격 일본어능력시험
N5 단어장
1000

아크아카데미

주제별 단어 · 알기 쉬운 예문 · 온라인 모의시험

머리말

일본어를 학습하는 사람들의 동기와 목적은 취미, 자기 계발, 유학, 취업 등으로 다양합니다.

각자 다른 동기와 목적을 가지고 일본어를 배우고 있는 가운데 많은 분들이 시간과 노력을 들여 공부한 자신의 일본어 실력을 검증하기 위해 일본어능력시험 (JLPT) 에 응시하고 있습니다.

JLPT 는 '문자 / 어휘', '문법', '독해', '청해' 의 네 개 파트로 구성되어 있습니다. 그 중에서 '문자 / 어휘' 는 '단어' 라고 하며 일본어 학습의 가장 기본이 된다고 할 수 있습니다.

다른 파트들도 살펴보자면, '단어' 를 나열하여 문장을 만드는 방식이 '문법' 이며 '단어' 와 '문법' 으로 구성된 문장에 대해 이해하는 것이 '독해' 입니다. '청해' 는 이 '독해' 문장을 청각으로 듣고 이해하는 것이라 할 수 있습니다.

그렇다면 '단어' 는 일본어 학습에서 가장 선행되어야 할 중요한 요소라고 할 수 있습니다.

JLPT 의 '문자 / 어휘' 파트에 출제되는 문제 수를 각 레벨별로 분석해 보면 아래와 같습니다.

대문제	N1	N2	N3	N4	N5
한자읽기	6	5	8	9	12
표기	-	5	6	6	8
단어 형성	-	5	-	-	-
문맥 규정	7	7	11	10	10
유의 표현	6	5	5	5	5
용법	6	5	5	5	-
문제수 합계	25	32	35	35	35

'한자 읽기 및 표기', '문장 흐름에 맞는 어휘' 등을 고르는 문제가 출제되는 '문자 / 어휘' 문제를 한 번에 완벽하게 정리하려는 것은 욕심입니다. 여러 번 반복하여 암기하려는 마음가짐이 중요합니다.

한자는 음독, 훈독, 탁음, 장음 / 단음, 촉음에 주의하여 공부하고 소리 내어 읽어 보는 것이 중요합니다.

'문맥에 맞는 어휘를 고르는 문제'에는 특히 부사가 많이 출제되므로 효과적인 학습을 위해 평소에 단어 자체보다 문장 단위로 이해하려고 노력해야 합니다. 또한, '알맞은 용법을 고르는 문제'는 문장 전체를 익히면서 해당 문장 속에서 단어의 의미를 파악하도록 하는 것이 중요합니다.

여러분이 JLPT를 공부하는 방식은 각자 다를 것입니다. 학교에서의 수업도 교사마다 다르고 학원에서의 강의도 강사 마다 다를 수 있습니다.

그러나 각 레벨의 난이도에 해당하는 '문자 / 어휘'는 정해져 있으며 그것들을 학습 교재를 통해 단계적으로 익혀나가는 것이 일반적인 방식이지만, 우리는 여기에 그 하나의 효과적인 방식을 제시하는 의미에서 이 책을 발행하기로 하였습니다.

이 책의 가장 중요한 포인트는 주제별로 단어를 모아서 정리한 점입니다. 상황별로 그에 해당하는 관련 단어를 모아 한꺼번에 정리하는 방식이 학습자의 이해와 암기에 도움이 된다고 생각하였습니다.

다음으로 예문 선정에 심혈을 기울여 해당 표제 단어를 가장 잘 이해할 수 있도록 적합한 예문을 제시하였습니다. 그리고 그 예문을 음성으로 들음으로써 암기 효과를 높이고 한자의 발음도 익힐 수 있도록 음성파일을 제공하고 있습니다.

나아가 모의시험 문제를 레벨에 따라 140문제 ~252문제씩 온라인으로 제공하고 있습니다. 실시간으로 문제를 풀고 정답 확인이 가능합니다. 또한 모의시험 문제들은 PDF로 다운로드하여 풀어볼 수도 있습니다.

이 <필승합격 단어장 시리즈>는 N5에서 N1까지 모든 레벨에 대해 다섯 권의 단어장으로 발행하였습니다. JLPT에 도전하는 학습자 여러분이 단계별로 이 시리즈로 학습하여 단기간에 각 레벨에 필승합격하시기를 기원합니다.

2020년 11월
(주) 해외교육사업단

이 책의 사용법

▶ 주제별 단어 학습

일본어능력시험 (JLPT) 에서 다루는 수 많은 단어를 수준별, 주제별로 정리한 것이 < 필승합격 단어장 시리즈 > 입니다. N1 에서 N5 까지 5 권으로 편집하였습니다.

JLPT 에 자주 출제되고 일상생활에도 도움이 되는 단어를 주제별로 정리하여 각 상황에 알맞은 이미지로 익힐 수 있도록 하였습니다. 학습 순서는 흥미가 있는 주제부터 시작하여도 좋습니다.

표제 단어와 예문에 한국어로 된 번역문이 있으므로 의미도 쉽게 파악할 수 있습니다. 표제 단어에 품사를 제시하고 동의어, 반의어, 관련어, 유의어도 제시하고 있습니다. 또한 칼럼에서 언급하는 단어도 학습에 유익할 것입니다.

▶ 모의시험으로 실력 확인

각 레벨의 책에는 JLPT 의 어휘 문제에 대한 모의 문제가 웹사이트에 게재되어 있습니다. 온라인 방식으로 컴퓨터나 스마트폰에서 문제를 풀고 점수도 확인이 가능합니다. PDF 파일로도 제공되며 출력하여 사용할 수 있습니다. 각 장의 항목 (주제) 별로 문제가 제시되어 있으므로 해당 주제를 학습하고 바로 테스트를 해 볼 수 있습니다. 스스로 부족한 부분을 체크하여 반복학습으로 성적을 올리시기 바랍니다.

▶ 음성의 활용

모든 레벨의 단어장에는 표제 단어와 예문의 음성 파일이 이 책의 지정된 웹사이트에 게재되어 있습니다. PC 나 스마트폰에서 다운로드하여 들을 수도 있습니다.

예문은 자연스럽고 듣기 편한 속도로 녹음되었습니다. 이로써 청해 파트에 도움이 될 뿐만 아니라 실제 단어 암기에 매우 큰 효과가 있을 것입니다.

▶ 암기용 셀로판지 활용

책에 들어 있는 암기용 셀로판지를 이용하여 표제 단어와 예문의 단어를 가리고 학습할 수 있습니다. 어떤 내용이 들어갈지 생각하면서 학습을 진행할 수 있습니다.

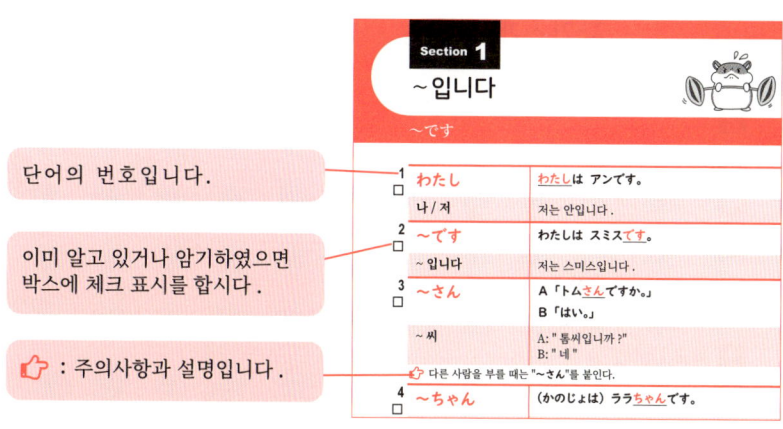

JLPT 레벨별 시간 및 인정기준 (N3~N5)

레벨	유형별	시간	인정기준
N3	언어지식(문자·어휘)	105분	**읽기** - 일상적인 화제에 구체적인 내용을 나타내는 문장을 읽고 이해할 수 있으며, 신문의 기사 제목 등에서 정보의 개요를 파악할 수 있다. 일상적인 장면에서 난이도가 약간 높은 문장을 바꿔 제시하며 요지를 이해할 수 있다. **듣기** - 자연스러운 속도의 체계적 내용의 회화를 듣고, 이야기의 구체적인 내용을 등장인물의 관계 등과 함께 거의 이해할 수 있다.
	언어지식(문법)·독해		
	청해	40분	
	계	145분	
N4	언어지식(문자·어휘)	95분	**읽기** - 기본적인 어휘나 한자로 쓰여진, 일상생활에서 흔하게 일어나는 화제의 문장을 읽고 이해할 수 있다. **듣기** - 일상적인 장면에서 다소 느린 속도의 회화라면 거의 내용을 이해할 수 있다.
	언어지식(문법)·독해		
	청해	35분	
	계	130분	
N5	언어지식(문자·어휘)	80분	**읽기** - 히라가나나 가타카나, 일상생활에서 사용되는 기본적인 한자로 쓰여진 정형화된 어구나, 문장을 읽고 이해할 수 있다. **듣기** - 일상생활에서 자주 접하는 장면에서 느리고 짧은 회화로부터 필요한 정보를 얻어낼 수 있다.
	언어지식(문법)·독해		
	청해	30분	
	계	110분	

※ JLPT 홈페이지 (https://www.jlpt.or.kr/) 에서 인용

목차

Chapter 1 　자기소개　じこしょうかい　……　9
1. ~입니다　～です　……　10
2. 안녕．おはよう。　……　12
3. 가족　かぞく　……　16
4. 몇 명입니까？　なんにんですか。　……　18
5. ~에서 왔습니다　～から きました　……　20

Chapter 2 　공부　べんきょう　……　23
1. 학교　学校(がっこう)　……　24
2. 숫자　かず　……　26
3. 요일　よう日(び)　……　28
4. 말 / 언어　ことば　……　30
5. 공부　べんきょう　……　32

Chapter 3 　일 / 업무　しごと　……　35
1. 일하다　はたらく　……　36
2. 일 / 업무　しごと　……　39
3. 이것은 무엇입니까？　これは 何(なん)ですか。　……　41
4. 몇 개 있습니까？　何(なん)こ ありますか。　……　46
5. 시간　時間(じかん)　……　48

Chapter 4 　친구　友(とも)だち　……　53
1. 어떤 사람？　どんな 人(ひと)？　……　54
2. 셔츠를 입고 있습니다．シャツを きて います。　……　57
3. 치마를 입습니다．スカートを はきます。　……　59
4. 놀다　あそぶ　……　62
5. 도시　町(まち)　……　65

Chapter 5 　오늘의 밥　きょうの ごはん ······ 67
- **1** 아침·밤　あさ·よる ······ 68
- **2** 먹다·마시다　食べる·飲む ······ 71
- **3** 요리　りょうり ······ 75
- **4** 레스토랑　レストラン ······ 78
- **5** 어떠세요?　どうですか。 ······ 81

Chapter 6 　취미　しゅみ ······ 83
- **1** 취미　しゅみ ······ 84
- **2** 음악　おんがく ······ 87
- **3** 스포츠　スポーツ ······ 90
- **4** 날씨　てんき ······ 93
- **5** 계절　きせつ ······ 96

Chapter 7 　쇼핑　買い物 ······ 101
- **1** 쇼핑　買い物 ······ 102
- **2** 가게　みせ ······ 106
- **3** ATM　ATM ······ 109
- **4** 보내다　おくる ······ 111
- **5** 선물　プレゼント ······ 113

Chapter 8 　휴일　休みの日 ······ 117
- **1** 탈것　のりもの ······ 118
- **2** 어느 정도?　どのくらい? ······ 122
- **3** 길　みち ······ 124
- **4** 어디?　どこ? ······ 127
- **5** 외출하다　出かける ······ 129

Chapter 9　살다 すむ ········· 133
1. 집　いえ ········· 134
2. 아파트 2층　アパートの 2かい ········· 138
3. 이사　ひっこし ········· 140
4. 선생님 집　先生のいえ ········· 143
5. 전기　電気 ········· 148

Chapter 10　건강 등 けんこう etc. ········· 151
1. 병　びょうき ········· 152
2. 건강하십니까?　お元気ですか。 ········· 155
3. 중요한 것·일　たいせつな もの·こと ········· 158
4. 장래　しょうらい ········· 160
5. 이것도 외우자!　これも おぼえよう! ········· 162

50음 단어 색인 ········· 166

N5
Chapter
1
자기소개
じこしょうかい

	단어 No.
1 ~ 입니다 ～です	1 ～ 13
2 안녕. おはよう。	14 ～ 28
3 가족 かぞく	29 ～ 50
4 몇 명 입니까? なんにんですか。	51 ～ 67
5 ~ 에서 왔습니다 ～から きました	68 ～ 102

Section 1

~입니다

~です

1	**わたし**	<u>わたし</u>は アンです。
	나 / 저	저는 안입니다.

2	**~です**	わたしは スミス<u>です</u>。
	~ 입니다	저는 스미스입니다.

3	**~さん**	A「トム<u>さん</u>ですか。」 B「はい。」
	~ 씨	A "톰씨입니까?" B "네"

👉 다른 사람을 부를 때는 "~さん"를 붙인다.

4	**~ちゃん**	(かのじょは) ララ<u>ちゃん</u>です。
	~ 짱	(그녀는) 라라짱입니다.

👉 아이들의 이름에 "ちゃん"이라는 애칭을 붙인다.

5	**あなた**	<u>あなた</u>は トムさんですか。
	당신	당신은 톰씨입니까?

👉 "あなた"는 일본어에서 많이 사용되지 않는다.

6	**かれ**	<u>かれ</u>は トムさんです。
	그	그는 톰씨입니다.

👉 두 가지 의미가 있다. ① 남성 ② 남자친구

7	**かのじょ**	<u>かのじょ</u>は ヒエンさんです。
	그녀	그녀는 히엔씨입니다.

👉 두 가지 의미가 있다. ① 여성 ② 여자친구

Chapter 1 1~102

8	[お]なまえ	A「おなまえは?」 B「トムです。」
	이름 / 성함	A " 성함은 ?" B " 톰입니다 ."
9	はい	A「やまださんですか。」 B「はい。」
	네	A " 야마다씨입니까 ?" B " 네 "
10	ええ	A「やまださんですか。」 B「ええ、そうです。」
	예	A " 야마다씨입니까 ?" B " 예 , 그렇습니다 ."

👉 대화에서는 "**ええ**"가 "**はい**"보다 자주 사용된다.

11	いいえ	A「やまださんですか。」 C「いいえ。」
	아니오	A " 야마다씨입니까 ?" C " 아니오 ."
12	そうです	A「やまださんですか。」 B「はい、そうです。」
	그렇습니다	A " 야마다씨입니까 ?" B " 네 , 그렇습니다 ."
13	ちがいます	A「やまださんですか。」 B「いいえ、ちがいます。たなかです。」
	아닙니다	A " 야마다씨입니까 ?" B " 아니오 , 아닙니다 . 다나카입니다 ."

11

Section 2

안녕.

おはよう。

9:00 안녕. 안녕하세요.

14 おはよう。 **15** おはようございます。

선생님　　　　　학생

12:00 **16** こんにちは。　こんにちは。 안녕하세요.

20:00 **17** こんばんは。　こんばんは。 안녕하세요.

안녕. 안녕히 가세요.

18

19 그럼, 또.

안녕히주무세요. 잘 자.

22:00 **20**

Section 2

👉 "ありがとうございます"는 "ありがとう"보다 공손하게 들리도록 사용한다.

드세요.

24 どうぞ。

감사합니다.

25 どうも。

"どうぞ"는 상대방에게 권하는 의미로 다양하게 사용된다.
"どうも"는 감사 또는 미안함을 표현하는 의미로 사용된다.

처음 뵙겠습니다.

26 はじめまして。

잘 부탁드려요.

27 どうぞ よろしく。

28 こちらこそ。

저야말로.

Section 3

가족
かぞく

29	かぞく	<u>かぞく</u>は 7にんです。 <small>しち/なな</small>
	가족	가족은 7명입니다.

わたしの かぞく
나의 가족

30 りょうしん — 부모님

31 父(ちち) — 아버지

32 母(はは) — 어머니

33 あね — 누나 / 언니

34 あに — 형 / 오빠

わたし — 나

35 おとうと — 남동생

36 いもうと — 여동생

37 きょうだい — 형제 / 자매

38 いぬ 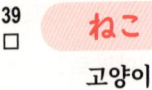 — 강아지 / 개

39 ねこ  — 고양이

Chapter 1

40	いる	① いぬが います。 ② あにが います。
	있다	①강아지가 있습니다. ②형/오빠가있습니다.

👍 ① 존재하는 것(생물 또는 움직이는 사물) ② 그 사람과 관련된 사람이 존재함

41	うち	うちに ねこが います。
	우리집	우리집에 고양이가 있습니다.

やまださんの かぞく
야마다씨의 가족

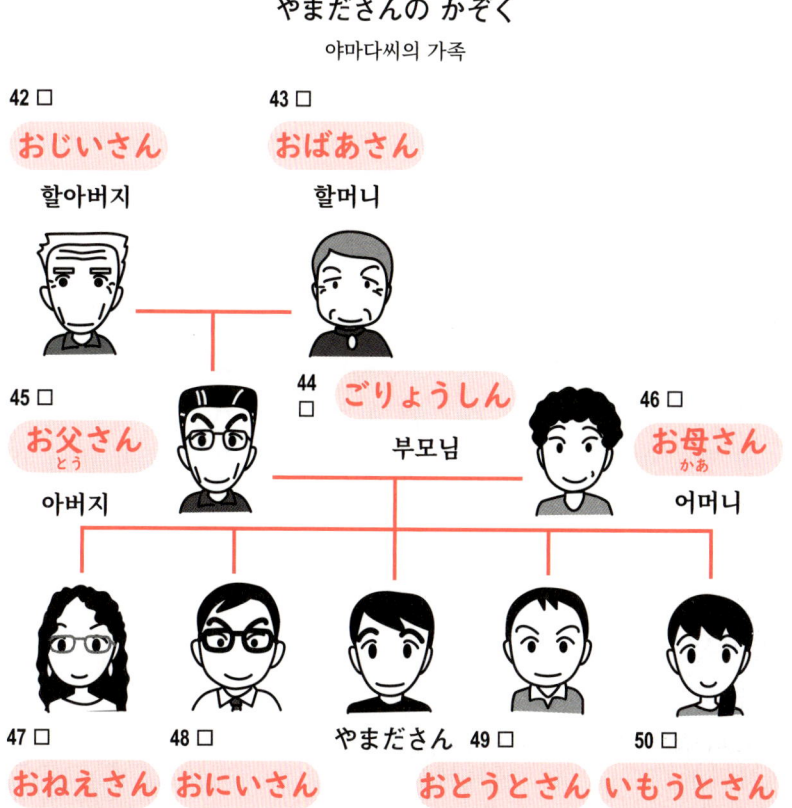

42 □ おじいさん 할아버지
43 □ おばあさん 할머니
45 □ お父(とう)さん 아버지
44 □ ごりょうしん 부모님
46 □ お母(かあ)さん 어머니
47 □ おねえさん 누나/언니
48 □ おにいさん 형/오빠
やまださん
49 □ おとうとさん 남동생
50 □ いもうとさん 여동생

Section 4

몇 명입니까?

なんにんですか。

51 ひとり
한 명

52 ふたり
두 명

53 さんにん
세 명

54 よにん
네 명

55 ごにん
다섯 명

56 ろくにん
여섯 명

57 しち / ななにん
일곱 명

58 はちにん
여덟 명

59 く / きゅうにん
아홉 명

60 じゅうにん
열 명

Chapter 1

61 なんにん	A「<u>なんにん</u>ですか。」 B「3にんです。」
몇 명	A" 몇 명입니까?" B" 세 명입니다."

62 □
おとな

어른 / 성인

63 □
こども

아이 / 어린이

64 □
おとこの ひと

남자 / 남성

65 □
おんなの ひと

여자 / 여성

66 □
おとこのこ

남자 아이

67 □
おんなのこ

여자 아이

Section 5

~에서 왔습니다
~からきました

68	**くに**	(わたしの) <u>くに</u>は マレーシアです。
	나라	(저의) 나라는 말레이시아입니다 .
69	**ある**	ちゅうごくに ディズニーランドが <u>あり</u>ます。
	있다	중국에 디즈니랜드가 있습니다 .

👉 "ある" 는 움직이지 않는 물체가 존재할 때 사용한다.

70	**どちら**	A 「(お)くには <u>どちら</u>ですか。」 B 「ケニアです。」
	어디	A " 모국은 어디입니까 ?" B " 케냐입니다 ."
71	**~から きました**	(わたしは) アメリカ<u>から きました</u>。
	~ 에서 왔습니다	(저는) 미국에서 왔습니다 .
72	**~じん**	わたしは イギリス<u>じん</u>です。
	~ 인	저는 영국인입니다 .
73	**ちず**	にほんの <u>ちず</u>は ありますか。
	지도	일본 지도는 있습니까 ?
74	**せかい**	<u>せかい</u>の ちずは ありますか。
	세계	세계 지도는 있습니까 ?

Chapter 1

75 にほん
일본

76 インド
인도

77 インドネシア
인도네시아

78 かんこく
한국

79 タイ
태국

80 たいわん
대만

81 ちゅうごく
중국

82 ネパール
네팔

83 フィリピン
필리핀

84 ベトナム
베트남

85 マレーシア
말레이시아

86 ミャンマー
미얀마

87 トルコ
터키

88 オーストラリア
호주

89 ニュージーランド
뉴질랜드

90 アメリカ
미국

91 カナダ
캐나다

92 メキシコ
멕시코

93 ブラジル
브라질

94 ロシア
러시아

95 イギリス
영국

96 フランス
프랑스

Section 5

97 **ドイツ**
독일

98 **スイス**
스위스

99 **イタリア**
이탈리아

100 **スペイン**
스페인

101 **エジプト**
이집트

102 **ケニア**
케냐

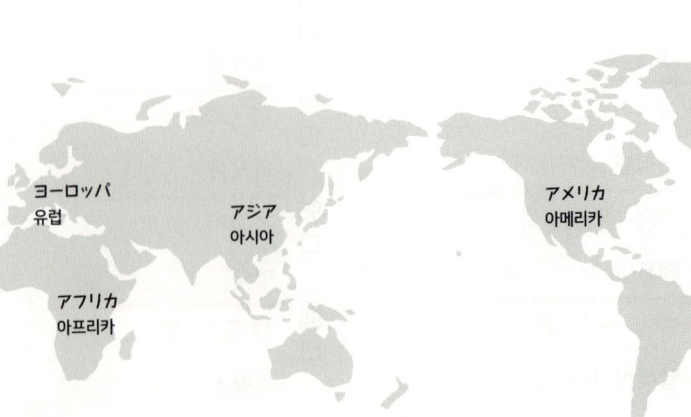

ヨーロッパ
유럽

アジア
아시아

アメリカ
아메리카

アフリカ
아프리카

N5
Chapter
2
공부

べんきょう

		단어 No.
1	학교 学校(がっこう)	103 ~ 117
2	숫자 かず	118 ~ 132
3	요일 よう日(び)	133 ~ 152
4	말 / 언어 ことば	153 ~ 171
5	공부 べんきょう	172 ~ 196

Section 1

학교

学校（がっこう）

103	**先生**（せんせい） 선생님	山田さんは にほんご学校の 先生です。 야마다씨는 일본어학교 선생님입니다.
	👉 자신에 대해 이야기 할 때는 "私は日本語教師です."와 같이 "教師"를 사용한다.(저는 일본어 교사입니다.)	
104	**学生**（がくせい） 학생	おとうとは 学生です。 남동생은 학생입니다.
105	**りゅうがくせい** 유학생	ヒエンさんは ベトナムの りゅうがくせいです。 히엔씨는 베트남 유학생입니다.
106	**学校**（がっこう） 학교	学校は 日本に あります。 학교는 일본에 있습니다.
107	**べんきょう〈する〉** 공부〈하다〉	にほんごを べんきょうします。 일본어를 공부합니다.
108	**にほんご学校**（がっこう） 일본어학교	ヒエンさんは にほんご学校の 学生です。 히엔씨는 일본어학교 학생입니다.
109	**小学校**（しょうがっこう） 초등학교	アリさんは 小学校の 先生です。 아리씨는 초등학교 선생님입니다.
110	**中学校**（ちゅうがっこう） 중학교	トムさんは 中学校の 先生です。 톰씨는 중학교 선생님입니다.
111	**高校**（こうこう） 고등학교	アメリカの 高校で べんきょうします。 미국 고등학교에서 공부합니다.

Chapter 2

112	大学 _{だいがく}	スミスさんは <u>大学</u>の 先生です。 _{だいがく　　せんせい}
	대학교	스미스씨는 대학교 선생님입니다.
113	きょうしつ	先生は <u>きょうしつ</u>に います。 _{せんせい}
	교실	선생님은 교실에 있습니다.
114	クラス	<u>クラス</u>に りゅうがくせいが います。
	학급 / 반	학급에 유학생이 있습니다.
115	行く _い	学校へ <u>行き</u>ます。 _{がっこう　い}
	가다	학교에 갑니다.
116	来る _く	先生が うちへ <u>来</u>ます。 _{せんせい　　　　き}
	오다	선생님이 우리집에 옵니다.
117	帰る _{かえ}	うちへ <u>帰り</u>ます。 _{かえ}
	돌아가다	집에 돌아갑니다.

Section 2

숫자
かず

118 ☐ ゼロ
제로 / 영
0

119 ☐ いち
하나 / 일
1

120 ☐ に
둘 / 이
2

121 ☐ さん
셋 / 삼
3

122 ☐ し / よん
넷 / 사
4

123 ☐ ご
다섯 / 오
5

124 ☐ ろく
여섯 / 육
6

125 ☐ しち / なな
일곱 / 칠
7

126 ☐ はち
여덟 / 팔
8

127 ☐ く / きゅう
아홉 / 구
9

128 ☐ じゅう
열 / 십
10

129 ☐ じゅういち
열하나 / 십일
11

130 ☐ じゅうに
열둘 / 십이
12

Chapter 2

131

~月
がつ

1月 いちがつ	2月 にがつ	3月 さんがつ	4月 しがつ
1월	2월	3월	4월

5月 ごがつ	6月 ろくがつ	7月 しちがつ	8月 はちがつ
5월	6월	7월	8월

9月 くがつ	10月 じゅうがつ	11月 じゅういちがつ	12月 じゅうにがつ
9월	10월	11월	12월

132	何月 なんがつ	A「何月ですか。」 なんがつ B「5月です。」 ごがつ
	몇 월	A "몇 월입니까?" B "5월입니다."

Section 3

요일

よう日（ようび）

133 よう日(び) 요일

134	135	136	137	138	139	140
日よう日(にちようび)	月よう日(げつようび)	火よう日(かようび)	水よう日(すいようび)	木よう日(もくようび)	金よう日(きんようび)	土よう日(どようび)
일요일	월요일	화요일	수요일	목요일	금요일	토요일

141	何よう日(なんようび)	A「あしたは 何よう日(なんようび)ですか。」 B「火よう日(かようび)です。」
	무슨 요일	A " 내일은 무슨 요일입니까?" B " 화요일입니다 ."
142	きょう	きょうは 月よう日(げつようび)です。
	오늘	오늘은 월요일입니다 .
143	あした	あした、学校(がっこう)へ 行(い)きます。
	내일	내일 학교에 갑니다 .
144	きのう	きのう、大学(だいがく)へ 行(い)きました。
	어제	어제 대학교에 갔습니다 .
145	まいにち	まいにち、にほんごを べんきょうします。
	매일	매일 일본어를 공부합니다 .
146	～しゅうかん	アメリカへ 2しゅうかん 行(い)きました。
	~ 주간 /~ 주일	미국에 2 주간 갔습니다 .

147	~か月（げつ）	にほんごを 1か月 べんきょうしました。
	~ 개월	일본어를 1개월 공부했습니다.
148	~年（ねん）	かんこくに 5年 いました。
	~ 년	한국에 5년 있었습니다.
149	~かい	1しゅうかんに 3かい コンビニへ 行きます。
	~ 번 /~ 회	1주일에 3번 편의점에 갑니다.
150	何かい（なん）	A「1しゅうかんに 何かい 行きますか。」 B「2かい 行きます。」
	몇 번 / 몇 회	A " 일주일에 몇 번 갑니까 ?" B " 두 번 갑니다."
151	アルバイト〈する〉	土よう日に アルバイトを します。
	아르바이트 < 하다 >	토요일에 아르바이트를 합니다.
152	する	日よう日は アルバイトを しません。
	하다	일요일은 아르바이트를 하지 않습니다.

Section 4

말 / 언어
ことば

153	ことば	日本の ことばが わかりません。
	말 / 언어	일본말을 모릅니다.
154	字 (じ)	高校で 日本の 字を べんきょうしました。
	글자 / 글씨	고등학교에서 일본의 글자를 공부했습니다.
155	にほんご	エジプトで にほんごを べんきょうしました。
	일본어	이집트에서 일본어를 공부했습니다.
156	～ご	えいごで 話して ください。
	~ 어	영어로 이야기해 주십시오.
157	話す (はな)	先生と にほんごで 話します。
	이야기하다 / 말하다	선생님과 일본어로 이야기합니다.
158	ゆっくり	先生は ゆっくり 話します。
	천천히	선생님은 천천히 이야기합니다.
159	言う (い)	ゆっくり 言って ください。
	말하다	천천히 말해 주십시오.
160	もう いちど	もう いちど 言います。
	다시 한 번	다시 한 번 말합니다.
161	おねがいします	もう いちど おねがいします。
	부탁합니다.	다시 한 번 부탁합니다.

Chapter 2

162	わかる	ひらがなが わかります。
	알다	히라가나를 압니다.
163	少し	かんじが 少し わかります。
	조금	한자를 조금 압니다.
164	もう 少し	もう 少し ゆっくり 話してください。
	조금 더	조금 더 천천히 말해주십시오.
165	よく	よく わかりました。
	잘	잘 알겠습니다.
166	だいたい	だいたい わかりました。
	대강 / 대개 / 대략	대략 알겠습니다.
167	ぜんぜん	A「わかりましたか。」 B「いいえ。ぜんぜん わかりませんでした。」
	전혀	A " 아셨습니까 ?" B " 아니오, 전혀 모르겠습니다."

168 □	169 □	170 □	171 □
ひらがな	かたかな	かんじ	ローマ字
히라가나	가타카나	한자	로마자
にほんご	ニホンゴ	日本語	Nihongo

Section 5

공부
べんきょう

172	読む よ 읽다	にほんごの 本を 読みます。 일본어 책을 읽습니다.
173	本 ほん 책	ちゅうごくごの 本を 読みました。 중국어 책을 읽었습니다.
174	書く か 쓰다	かんじを 書きます。 한자를 씁니다.
175	聞く き 듣다	うちで CD を 聞きます。 집에서 CD를 듣습니다.
176	CD CD	学校で CD を 聞きました。 학교에서 CD를 들었습니다.
177	しらべる 찾다 / 조사하다	じしょで ことばを しらべます。 사전에서 단어를 찾습니다.
178	買う か 사다	きのう、CD を 買いました。 어제 CD를 샀습니다.
179	じしょ 사전	にほんごの じしょを 買いました。 일본어 사전을 샀습니다.
180	でんじしょ 전자사전	でんじしょで いみを しらべます。 전자사전으로 의미를 찾습니다.

181	いみ	にほんごの いみが わかりません。
	의미	일본어의 의미를 모르겠습니다.
182	がんばる	がんばって ください。
	힘내다 / 노력하다	노력해 주십시오.
183	しゅくだい	きょうは しゅくだいが あります。
	숙제	오늘은 숙제가 있습니다.
184	にっき	まいにち、にっきを 書きます。
	일기	매일 일기를 씁니다.
185	レポート	学校で レポートを 書きました。
	리포트	학교에서 리포트를 썼습니다.
186	としょかん	としょかんで 本を 読みます。
	도서관	도서관에서 책을 읽습니다.
187	ほんや	ほんやで じしょを 買いました。
	서점	서점에서 사전을 샀습니다.
188	れんしゅうくする〉	かんじを れんしゅうします。
	연습 〈하다〉	한자를 연습합니다.
189	スピーチ	土よう日に 学校で スピーチを しました。
	연설 / 스피치	토요일에 학교에서 스피치를 했습니다.
190	おぼえる	まいにち、かんじを おぼえます。
	외우다 / 기억하다	매일 한자를 외웁니다.
191	わすれる	しゅくだいを わすれました。
	잊다	숙제를 잊었습니다.

Section 5

192	もんだい	<u>もんだい</u>を 読んで ください。
	문제	문제를 읽어주십시오.
193	れい	<u>れい</u>を 見て ください。
	예	예를 보십시오.
194	こたえ	<u>こたえ</u>が わかりません。
	답	답을 모르겠습니다.
195	しつもん〈する〉	先生に <u>しつもんし</u>ます。
	질문〈하다〉	선생님께 질문니다.
196	けんがく〈する〉	にほんご学校を <u>けんがくし</u>ました。
	견학〈하다〉	일본어학교를 견학했습니다.

N5
Chapter
3
일 / 업무
しごと

	단어 No.
1 일하다 はたらく	197 ~ 221
2 일 / 업무 しごと	222 ~ 234
3 이것은 무엇입니까? これは 何ですか。	235 ~ 265
4 몇 개 있습니까? 何こ ありますか。	266 ~ 269
5 시간 時間	270 ~ 283

Section 1

일하다

はたらく

197	**かいしゃ**	トヨタは 日本の かいしゃです。
	회사	도요타는 일본 회사입니다.
198	**ぎんこう**	おとうとは ぎんこうで はたらいて います。
	은행	남동생은 은행에서 일하고 있습니다.
199	**はたらく**	まいにち、はたらきます。
	일하다	매일 일합니다.
200	**休む**	きのう、かいしゃを 休みました。
	쉬다	어제 회사를 쉬었습니다.
201	**休み**	休みは 土よう日と 日よう日です。
	휴일	휴일은 토요일과 일요일입니다.
202	**ひる休み**	ひる休みに しゅくだいを します。
	점심시간	점심시간에 숙제를 합니다.
203	**ひまな**	あしたは ひまです。
	한가하다	내일은 한가합니다.
204	**いそがしい**	まいにち、いそがしいです。
	바쁘다	매일 바쁩니다.
205	**ざんぎょう〈する〉**	きょうは ざんぎょうします。
	잔업 / 야근 〈하다〉	오늘은 잔업합니다.

Chapter 3

206	しゅっちょう〈する〉	フランスへ しゅっちょうします。
	출장 < 가다 >	프랑스로 출장갑니다.
207	じむしょ	じむしょは たいわんに あります。
	사무실	사무실은 대만에 있습니다.
208	こうじょう	ちゅうごくに 大きい こうじょうが あります。
	공장	중국에 큰 공장이 있습니다.
209	うけつけ	うけつけで 聞いて ください。
	접수처	접수처에서 물어봐주십시오.
210	かいぎ	きょう、かいぎが あります。
	회의	오늘 회의가 있습니다.
211	かいぎしつ	山田さんは かいぎしつに います。
	회의실	야마다씨는 회의실에 있습니다.
212	電話	かいぎしつに 電話が ありません。
	전화	회의실에 전화가 없습니다.
213	(電話を)かける	かいしゃに 電話を かけます。
	(전화를) 걸다	회사에 전화를 겁니다.
214	もしもし	A「もしもし、山田さんですか。」 B「はい、そうです。」
	여보세요	A "여보세요. 야마다씨입니까?" B "네, 그렇습니다."
215	電話ばんごう	A「山田さんの 電話ばんごうを しって いますか。」
	전화번호	A "야마다씨의 전화번호를 알고 있습니까?"

Section 1

216	しる	B「いいえ、しりません。」
	알다	B "아니오, 모릅니다."
217	何ばん(なん)	電話ばんごうは 何ばんですか。(でんわ / なん)
	몇 번?	전화번호는 몇 번입니까?
218	おしえる	電話ばんごうを おしえて ください。(でんわ)
	알려주다	전화번호를 알려주십시오.
219	てつだう	父の しごとを てつだいます。(ちち)
	돕다	아버지의 일을 돕습니다.
220	つくる	これは 日本の こうじょうで つくりました。(にほん)
	만들다	이것은 일본의 공장에서 만들었습니다.
221	やくに たつ	これは やくに たちます。
	도움이 되다	이것은 도움이 됩니다.

Section 2

일 / 업무

しごと

222	しごと	A「(お) しごとは？」 B「きょうしです。」
	일 / 업무	A " 무슨 일 하세요 ?" B " 교사입니다 ."

223 □

かいしゃいん

회사원

224 □

ぎんこういん

은행원

 다른 사람의 직업을 말할 때와 자신의 직업을 말할 때 직업을 부르는 말이 달라지는 경우가 있다.

225 □

いしゃ

おいしゃさん

의사

226 □

かんごし

かんごしさん

간호사

227 □

かいごし

かいごしさん

개호사 / 간병인

Section 2

228 □
けいさつかん
おまわりさん

경찰관

229 □
えきいん
えきいんさん

역무원

230 □
うんてんしゅ
うんてんしゅさん

운전사 / 운전수

231 □ しゃちょう

사장

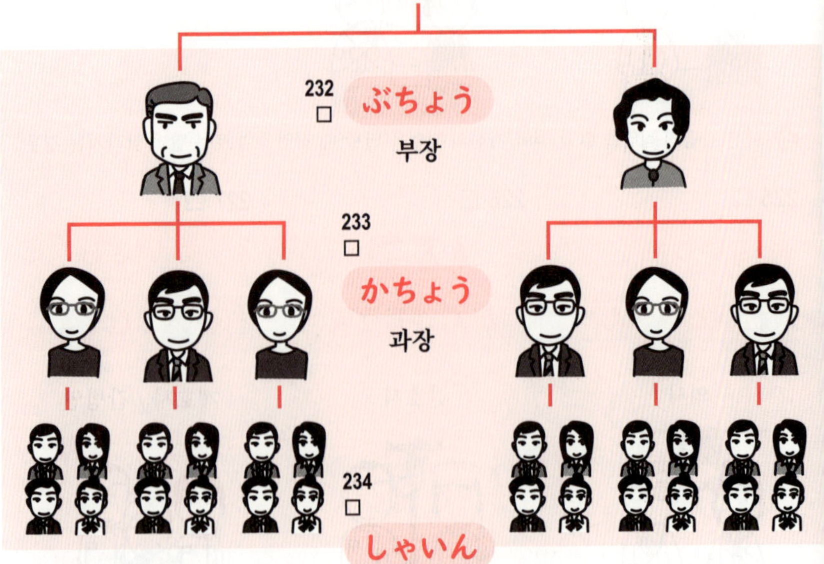

232 □ ぶちょう

부장

233 □ かちょう

과장

234 □ しゃいん

사원

Section 3

이것은 무엇입니까?

これは 何ですか。

①

235 **これ** 이것

これは にほんごの 本です。

이것은 일본어 책입니다.

236 **それ** 그것

それは ちゅうごくごの 本です。

그것은 중국어 책입니다.

237 **あれ** 저것

あれは パソコンです。

저것은 컴퓨터입니다.

Section 3

238	どれ	A「山田さんの かさは <u>どれ</u>ですか。」 B「これです。」
	어느 것	A " 야마다씨의 우산은 어느 것입니까 ?" B " 이것입니다 ."

👉 "こ・そ・あ"는 두 가지 의미로 사용된다.
① 영역을 표현한다. 누군가와 마주하고 있을 때, 당신 주변은 "**これ**", 다른 사람 주변은 "**それ**", 그리고 두 사람 모두에게서 멀리 있는 영역은 "**あれ**"가 된다.
② 거리를 표현한다. 당신과 상대방에게 가까운 것은 "**これ**", 두 사람 모두에게서 조금 멀리 떨어진 것은 "**それ**", 당신과 상대방에게서 멀리 떨어진 것은 "**あれ**"이다.

②

선생님 가방은 어느 것입니까 ?

239	この	山田さんの 本は どれですか。 この 本ですか。
	이	야마다씨의 책은 어느 것입니까? 이 책입니까?
240	その	その 本ですか。
	그	그 책입니까?
241	あの	あの 本ですか。
	저	저 책입니까?
242	どの	どの 本ですか。
	어느	어느 책입니까?

Section 3

243 何 (なん)

A「これは 何ですか。」
B「本です。」

무엇

A "이것은 무엇입니까?"
B "책입니다."

244 めいし
명함

245 ケータイ
휴대전화

246 スマホ
스마트폰

247 でんち
전지 / 배터리

248 ノート
노트

249 かみ
종이

250 てちょう
수첩

251 ボールペン
볼펜

252 シャープペンシル
샤프펜슬

253 えんぴつ
연필

254 けしごむ
지우개

255 パンチ
펀치

Chapter 3

256 ホッチキス
스테이플러

257 セロテープ
셀로판테이프

258 はさみ
가위

259 はこ
상자
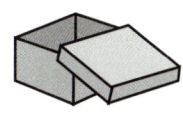

260	コンピューター	まいにち、コンピューターを つかいます。
	컴퓨터	매일 컴퓨터를 사용합니다.
261	パソコン	これは あにの パソコンです。
	퍼스널 컴퓨터/PC	이것은 형/오빠의 컴퓨터입니다.
262	インターネット	インターネットで 電話ばんごうを しらべます。
	인터넷	인터넷에서 전화번호를 찾습니다.
263	しりょう	これは かいぎの しりょうです。
	자료	이것은 회의 자료입니다.
264	きる	はさみで かみを きります。
	자르다	가위로 종이를 자릅니다.
265	つかう	この はさみを つかって ください。
	사용하다	이 가위를 사용해주십시오.

Section 4

몇 개 있습니까?

何こ ありますか。

266 □	何こ _{なん}	A「けしごむが <u>何こ</u> ありますか。」 B「10こです。」 _{じゅっ}
	몇 개	A "지우개가 몇 개 있습니까?" B "10개입니다."

267 □

~こ   ~ 개

268	何だい なん	A「パソコンが 何だい ありますか。」 B「2だい あります。」
	몇 대	A " 컴퓨터는 몇 대 있습니까?" B " 2 대 있습니다 ."

269 □

~だい   ~ 대

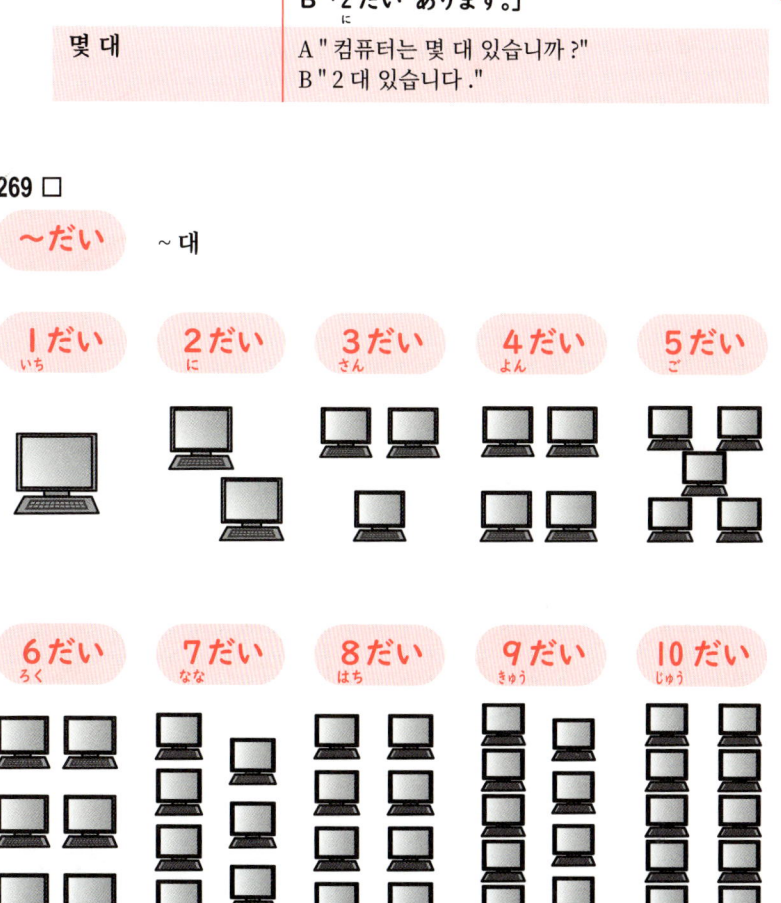

1だい いち	2だい に	3だい さん	4だい よん	5だい ご

6だい ろく	7だい なな	8だい はち	9だい きゅう	10だい じゅう

Section 5

시간

時間（じかん）

270	**何時** なんじ	A「**何時**ですか。」 なんじ B「**3時**です。」 さんじ
	몇 시	A "몇 시입니까?" B "3시입니다."
271	**何分** なんぷん	A「何時**何分**ですか。」 なんじ なんぷん B「**6時 20分**です。」 ろくじ にじゅっぷん
	몇 분	A "몇 시 몇 분입니까?" B "6시 20분입니다."

272 □

~時 ~시
じ

1時 いちじ

2時 にじ

3時 さんじ

4時 よじ

5時 ごじ

6時 ろくじ

7時 しちじ

8時 はちじ

Chapter 3

9時	10時	11時	12時
くじ	じゅうじ	じゅういちじ	じゅうにじ

273 □

~分
ふん
~분

1分	2分	3分	4分
いっぷん	にふん	さんぷん	よんぷん
00 : 01	00 : 02	00 : 03	00 : 04

5分	6分	7分	8分
ごふん	ろっぷん	ななふん	はち/はっぷん
00 : 05	00 : 06	00 : 07	00 : 08

9分	10分	11分	12分
きゅうふん	じゅっぷん	じゅういっぷん	じゅうにふん
00 : 09	00 : 10	00 : 11	00 : 12

Section 5

15分	20分	30分	40分
じゅうご ふん	にじゅっ ぷん	さんじゅっ ぷん	よんじゅっ ぷん
00:15	00:20	00:30	00:40

45分	50分		半
よんじゅうご ふん	ごじゅっ ぷん		はん
00:45	00:50		00:30

274 □

275 □	～ごろ	8時40分ごろ 学校へ 行きます。 はちじ よんじゅっぷん がっこう い
	경 / 무렵 / 쯤	8시 40분쯤 학교에 갑니다.
276 □	ごぜん	ごぜん 1時です。 いちじ
	오전	오전 1시입니다.
277 □	ごご	ごご 7時です。 しちじ
	오후	오후 7시입니다.
278 □	いま	A「いま、何時ですか。」 なんじ B「2時半です。」 にじはん
	지금	A "지금 몇 시입니까?" B "2시 반입니다."
279 □	～ぐらい	30分ぐらい 休みましょう。 さんじゅっぷん やす
	정도	30분 정도 쉽시다.

Chapter 3

280 **～時間**
じかん

~ 시간

きのう、1時間 べんきょうしました。
いちじかん

어제 1시간 공부했습니다.

281 **何時間**
なんじかん

몇 시간

A「まいにち、何時間 はたらきますか。」
　　　　　　なんじかん
B「8時間 はたらきます。」
　はちじかん

A " 매일 몇 시간 일합니까?"
B " 8 시간 일합니다."

282 **～から**

~ 부터

学校は 8時からです。
がっこう　はちじ

학교는 8시부터입니다.

283 **～まで**

~ 까지

かいしゃは 9時から 5時までです。
　　　　　くじ　　ごじ

회사는 9시부터 5시까지입니다.

숫자를 세는 방법

일본어로 셈하는 방법은 다양하다. 숫자 뒤에 오는 접미사가 "b", "m", "d", "g"처럼 유성자음으로 시작되면 변화가 없다. 접미사가 "t", "s", "k", "h"처럼 무성 자음으로 시작하면 많은 변화가 있다.

▶ [b][m][d][g] 등으로 시작하는 예

	순서 〜番	얇고 평평한 물체 〜枚	기계와 차량 〜台
1	いちばん	いちまい	いちだい
2	にばん	にまい	にだい
3	さんばん	さんまい	さんだい
4	よんばん	よんまい	よんだい
5	ごばん	ごまい	ごだい
6	ろくばん	ろくまい	ろくだい
7	ななばん	ななまい	ななだい
8	はちばん	はちまい	はちだい
9	きゅうばん	きゅうまい	きゅうだい
10	じゅうばん	じゅうまい	じゅうだい
?	なんばん	なんまい	なんだい

▶ [t][s][k][h] 등으로 시작하는 예

	책과 공책 〜冊	빈도수 〜回	얇고 긴 물체 〜本	컵과 잔에 담긴 음료수 등 〜杯
1	いっさつ	いっかい	いっぽん	いっぱい
2	にさつ	にかい	にほん	にはい
3	さんさつ	さんかい	さんぼん	さんばい
4	よんさつ	よんかい	よんほん	よんはい
5	ごさつ	ごかい	ごほん	ごはい
6	ろくさつ	ろっかい	ろっぽん	ろっぱい
7	ななさつ	ななかい	ななほん	ななはい
8	はっさつ	はっかい	はっぽん	はっぱい
9	きゅうさつ	きゅうかい	きゅうほん	きゅうはい
10	じゅっさつ	じゅっかい	じゅっぽん	じゅっぱい
?	なんさつ	なんかい	なんぼん	なんばい

N5
Chapter
4
친구
友だち

	단어 No.
1 어떤 사람? どんな 人?	284 ～ 305
2 셔츠를 입고 있습니다. シャツを きて います。	306 ～ 324
3 치마를 입습니다. スカートを はきます。	325 ～ 343
4 놀다 あそぶ	344 ～ 365
5 도시 町	366 ～ 393

Section 1

어떤 사람?

どんな人？

284	**友だち** 친구	<u>友だち</u>と よこはまへ 行きます。 친구와 요코하마에 갑니다.
285	**どんな** 어떤	A「スミスさんは <u>どんな</u> 人ですか。」 A " 스미스씨는 어떤 사람입니까 ?"
286	**人** 사람	B「しんせつな <u>人</u>です。」 B " 친절한 사람입니다 ."
287	**しんせつな** 친절한	スミスさんは <u>しんせつ</u>です。 스미스씨는 친절합니다 .
288	**みんな** 모두	友だちは <u>みんな</u> しんせつです。 친구는 모두 친절합니다 .
289	**元気な** 건강한	スミスさんの おばあさんは <u>元気</u>です。 스미스씨의 할머니는 건강합니다 .
290	**きれいな** 예쁜 / 깨끗한	① ハインさんは <u>きれいな</u> 人です。 ② この 学校は <u>きれい</u>です。 ①하인씨는 예쁜 사람입니다 . ②이 학교는 깨끗합니다 .

👉 ① 아름답다 ② 깨끗하다

291	**ハンサムな** 잘생겼다	ホアンさんは <u>ハンサム</u>です。 호안씨는 잘생겼습니다 .

Chapter 4

292	かわいい	ララちゃんは かわいいです。
	귀엽다	라라짱은 귀엽습니다.
293	かっこいい	ジョンさんは かっこいいです。
	멋있다	존씨는 멋있습니다.
294	あたまが いい	山田さんは あたまが いいです。
	머리가 좋다	야마다씨는 머리가 좋습니다.
295	やさしい	ハインさんは やさしいです。
	친절하다 / 자상하다	하인씨는 친절합니다.
296	ユーモア	山田さんは ユーモアが あります。
	유머	야마다씨는 유머가 있습니다.
297	せ	ホアンさんは せが 高いです。
	키	호안씨는 키가 큽니다.
298	高い	ホアンさんは 山田さんより せが 高いです。
	크다 / 높다	호안씨는 야마다씨보다 키가 큽니다.
299	ひくい	わたしは せが ひくいです。
	작다 / 낮다	저는 키가 작습니다.
300	目	ララちゃんは 目が 大きいです。
	눈	라라짱은 눈이 큽니다.
301	大きい	大きい 犬が います。
	크다	큰 개가 있습니다.
302	小さい	わたしの カメラは 小さいです。
	작다	제 카메라는 작습니다.

Section 1

303	かみ	きのう、かみを きりました。
	머리카락	어제 머리를 잘랐습니다.
304	長い _{なが}	ハインさんは かみが 長いです。
	길다	하인씨는 머리가 깁니다.
305	みじかい	ララちゃんは かみが みじかいです。
	짧다	라라짱은 머리가 짧습니다.

Section 2

셔츠를 입고 있습니다.

シャツを きて います。

306	**ふく**	きのう、<u>ふく</u>を 買いました。
	옷	어제 옷을 샀습니다.
307	**サイズ**	大きい <u>サイズ</u>が ありません。
	사이즈	큰 사이즈가 없습니다.
308	**すてきな**	かっこいい シャツですね。<u>すてき</u>です。
	근사하다	멋진 셔츠네요. 근사해요.
309	**デザイン**	すてきな <u>デザイン</u>ですね。
	디자인	근사한 디자인이네요.
310	**きる**	うわぎを <u>き</u>ます。
	입다	겉옷을 입습니다.
311	**ぬぐ**	・コートを <u>ぬぎ</u>ます。　・くつを <u>ぬぎ</u>ます。
	벗다	코트를 벗습니다.　　　신발을 벗습니다.
312	**あかい**	<u>あかい</u> コートを 買いました。
	빨갛다	빨간 코트를 샀습니다.
313	**あおい**	<u>あおい</u> シャツを きて います。
	파랗다	파란 셔츠를 입고 있습니다.
314	**しろい**	<u>しろい</u> スーツを 買いたいです。
	하얗다	하얀 수트를 사고 싶습니다.

Section 2

315	くろい	くろい セーターを きます。
	검다	검은 스웨터를 입습니다.
316	きいろい	きいろい ふくを 買います。
	노랗다	노란 옷을 삽니다.
317	いろいろな	いろいろな ぼうしを もって います。
	여러 가지	여러 가지 모자를 가지고 있습니다.

318 シャツ — 셔츠
319 セーター — 스웨터
320 コート — 코트
321 スーツ — 수트
322 うわぎ — 겉옷
323 したぎ — 속옷
324 きもの — 기모노

Section 3

치마를 입습니다.

スカートを はきます。

325 はく

입다 / 신다

くろい スカートを はきます。

검은 치마를 입습니다.

👉 "きる"는 허리 위에 무언가를 입을 때 사용하고 "はく"는 허리 밑에 무언가를 입을 때 사용한다.

326 ズボン
바지

327 ジーンズ
청바지

328 パンツ
팬츠 / 바지

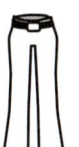

329 スカート
치마 / 스커트

330 くつ
신발 / 구두

331 くつした
양말

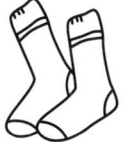

Section 3

332	かぶる	くろい ぼうしを かぶります。
	쓰다	검은 모자를 씁니다.

333 □

ぼうし

모자

334	(めがねを)かける	めがねを かけます。
	(안경을) 끼다	안경을 낍니다.

335 □ **めがね** 336 □ **サングラス**

안경 선글라스

Chapter 4

337	(ゆびわを)する	きれいな ゆびわを <u>し</u>ます。
	(반지를) 끼다	예쁜 반지를 낍니다.

338 ネクタイ
넥타이

339 ゆびわ
반지

340 とけい
시계

341	もつ	A「かばんを <u>もち</u>ましょうか。」 B「はい、ありがとうございます。」
	들다	A " 가방을 들까요?" B " 네, 감사합니다."

342 かばん
가방

343 さいふ
지갑

Section 4

놀다
あそぶ

344	あそぶ	・日よう日に 子どもと あそびました。 ・しんじゅくへ あそびに 行きます。
	놀다	일요일에 아이와 놀았습니다. 신주쿠에 놀러 갑니다.
345	あんない〈する〉	きょうとを あんないします。
	안내〈하다〉	교토를 안내합니다.
346	むかえる	なりたへ 父を むかえに 行きます。
	마중하다 / 맞이하다	나리타에 아버지를 마중하러 갑니다.
347	つれていく	子どもを どうぶつえんへ つれていきました。
	데려가다	아이를 동물원에 데려갔습니다.
348	つれてくる	おとうとが うちへ 友だちを つれてきました。
	데려오다	남동생이 집에 친구를 데려왔습니다.
349	どうぶつ	いろいろな どうぶつを 見ました。
	동물	여러 가지 동물을 보았습니다.
350	どうぶつえん	子どもと どうぶつえんへ 行きました。
	동물원	아이와 동물원에 갔습니다.
351	パンダ	うえのどうぶつえんに パンダが いました。
	판다	우에노 동물원에 판다가 있었습니다.

352	ぞう	タイで ぞうを 見ました。
	코끼리	태국에서 코끼리를 보았습니다.
353	うま	うまを 見たいです。
	말	말을 보고 싶습니다.
354	[お]まつり	あさくさで おまつりが あります。
	축제	아사쿠사에서 축제가 있습니다.
355	[お]てら	かまくらに おてらが あります。
	절	가마쿠라에 절이 있습니다.
356	じんじゃ	きょうとで じんじゃへ 行きました。
	신사	교토에서 신사에 갔습니다.
357	りょこう〈する〉	休みに りょこうを します。
	여행 < 하다 >	휴일에 여행을 합니다.
358	じゅんび〈する〉	りょこうの じゅんびを します。
	준비 < 하다 >	여행 준비를 합니다.
359	よやく〈する〉	ホテルを よやくします。
	예약 < 하다 >	호텔을 예약합니다.
360	ホテル	ホテルに 電話を かけます。
	호텔	호텔에 전화를 겁니다.
361	とまる	きれいな ホテルに とまりたいです。
	묵다 / 숙박하다	깨끗한 호텔에 묵고 싶습니다.
362	ロビー	ロビーに 電話が あります。
	로비	로비에 전화가 있습니다.

Section 4

363	**おみやげ**	かぞくに おみやげを 買います。
	기념품	가족에게 기념품을 삽니다.
364	**サービス**	ホテルは サービスが いいです。
	서비스	호텔은 서비스가 좋습니다.
365	**ホームステイ〈する〉**	アメリカで ホームステイしました。
	홈스테이 < 하다 >	미국에서 홈스테이했습니다.

Section 5

도시

町（まち）

366	町 まち	しぶやは とうきょうの 町 まち です。
	도시 / 시가지	시부야는 도쿄의 시가지입니다.
367	けん	ディズニーランドは ちばけんに あります。
	현	디즈니랜드는 지바현에 있습니다.

368 □ とうきょう
도쿄

369 □ なりた
나리타

370 □ うえの
우에노

371 □ あさくさ
아사쿠사

372 □ しんじゅく
신주쿠

373 □ あきはばら
아키하바라

374 □ しぶや
시부야

375 □ ぎんざ
긴자

376 □ はねだ
하네다

377 □ よこはま
요코하마

378 □ かまくら
가마쿠라

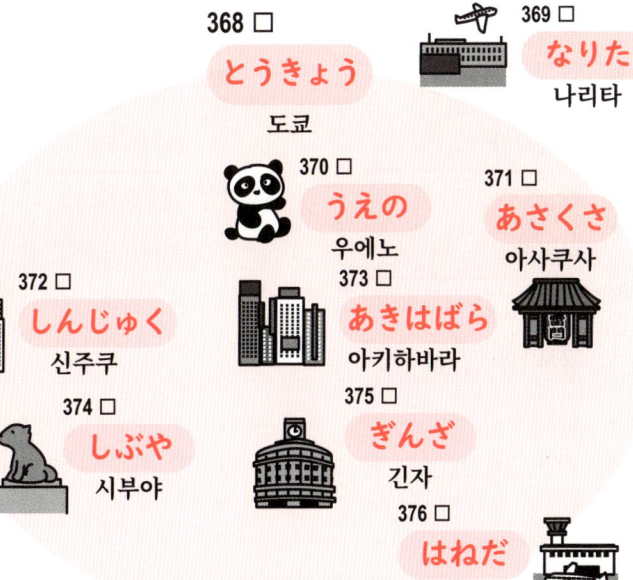

Section 5

379 ほっかいどう
홋카이도

380 さっぽろ
삿포로

381 せんだい
센다이

382 にっこう
닛코

383 ふじさん
후지산

384 かなざわ
가나자와

385 なごや
나고야

386 きょうと
교토

387 なら
나라

388 おおさか
오사카

389 こうべ
고베

390 ひろしま
히로시마

391 ふくおか
후쿠오카

392 ながさき
나가사키

393 おきなわ
오키나와

N5
Chapter
5
오늘의 밥
きょうの ごはん

	단어 No.
1 아침·밤 あさ·よる	394 ~ 418
2 먹다·마시다 食べる·飲む	419 ~ 459
3 요리 りょうり	460 ~ 482
4 레스토랑 レストラン	483 ~ 503
5 어떠세요? どうですか。	504 ~ 518

Section 1

아침・밤

あさ・よる

394	**あさ**	<u>あさ</u>、**6時**に おきます。
	아침	아침에 6시에 일어납니다.
395	**ひる**	<u>ひる</u>、しごとを します。
	낮	낮에 일을 합니다.
396	**よる**	<u>よる</u>、**本**を **読**みます。
	밤	밤에 책을 읽습니다.
397	**まいあさ**	<u>まいあさ</u>、**CD**を **聞**きます。
	매일 아침	매일 아침 CD를 듣습니다.
398	**まいばん**	<u>まいばん</u>、べんきょうを しています。
	매일 밤	매일 밤 공부를 하고 있습니다.
399	**けさ**	<u>けさ</u>、**友**だちに **電話**を かけました。
	오늘 아침	오늘 아침에 친구에게 전화를 걸었습니다.
400	**こんばん**	<u>こんばん</u>、ホテルに とまります。
	오늘 밤	오늘 밤 호텔에 숙박합니다.
401	**おきる**	まいあさ、**7時**に <u>お</u>きます。
	일어나다	매일 아침 7시에 일어납니다.
402	**ねる**	まいばん、11**時**ごろ <u>ね</u>ます。
	자다	매일 밤 11시쯤 잡니다.

403	見る	テレビを ぜんぜん 見ません。
	보다	TV를 전혀 보지 않습니다.
404	ニュース	きのう、ニュースを 見ました。
	뉴스	어제 뉴스를 봤습니다.
405	ラジオ	よる、ラジオの ニュースを 聞きます。
	라디오	밤에 라디오 뉴스를 듣습니다.
406	テレビ	うちに テレビは ありません。
	텔레비전/TV	집에 TV는 없습니다.
407	はやい	A「けさ、5時に おきました。」 B「はやいですね。」
	이르다	A "오늘 아침 5시에 일어났습니다." B "이르네요."
408	はやい	A「とうきょうから おおさかまで 2時間半です。」 B「はやいですね。」
	빠르다	A "도쿄에서 오사카까지 2시간반입니다." B "빠르네요."
409	おそい	A「まいばん、1時ごろ ねます。」 B「おそいですね。」
	느리다/늦다	A "매일 밤 1시쯤 잡니다." B "늦네요."
410	かがみ	かがみで かおを 見ます。
	거울	거울로 얼굴을 봅니다.

Section 1

411	かお	412	あらう	あさ、<u>かお</u>を <u>あらい</u>ます。
	얼굴		씻다	아침에 얼굴을 씻습니다.
413	[お]ふろ	414	入る _{はい}	<u>おふろ</u>に <u>入り</u>ます。
	욕조		들어가다	목욕을 합니다.
415	シャワー	416	あびる	<u>シャワー</u>を <u>あび</u>ます。
	샤워		씻다 / 끼얹다	샤워를 합니다.
417	は	418	みがく	<u>は</u>を <u>みがき</u>ます。
	이 / 치아		닦다	이를 닦습니다.

Section 2

먹다 · 마시다

食べる・飲む（たべる・のむ）

419	食べる た	学校で ひるごはんを 食べます。 がっこう　　　　　　　　　　た
	먹다	학교에서 점심을 먹습니다.
420	食べ物 た　もの	これは ベトナムの 食べ物です。 　　　　　　　　　た　もの
	음식	이것은 베트남 음식입니다.
421	あさごはん	7時に あさごはんを 食べます。 しちじ　　　　　　　　　た
	아침 / 아침밥	7시에 아침을 먹습니다.
422	ひるごはん	12時に ひるごはんを 食べます。 じゅうにじ　　　　　　　　　た
	점심 / 점심밥	12시에 점심을 먹습니다.
423	ばんごはん	友だちと ばんごはんを 食べました。 とも　　　　　　　　　　た
	저녁 / 저녁밥	친구와 저녁을 먹었습니다.
424	たくさん	パンを たくさん 食べました。 　　　　　　　　た
	많이	빵을 많이 먹었습니다.
425	スーパー	スーパーで 肉を 買います。 　　　　　にく　か
	슈퍼(마켓)	슈퍼에서 고기를 삽니다.

Section 2

426 肉(にく) — 고기

427 ぎゅう肉(にく) — 소고기

428 ぶた肉(にく) — 돼지고기

429 とり肉(にく) — 닭고기

430 魚(さかな) — 생선

431 たまご — 달걀 / 계란

432 やさい — 야채 / 채소

433 くだもの — 과일

434 バナナ — 바나나

435 りんご — 사과

436 レモン — 레몬

437 みかん — 귤

438 パン — 빵

439 [お]かし — 과자

440 チョコレート — 초콜릿

Chapter 5

441	飲む の	水を 飲みます。 みず の
	마시다	물을 마십니다.
442	飲み物 の もの	A「飲み物は 何が いいですか。」 の もの なに B「コーヒーを おねがいします。」
	마실 것 / 음료 (수)	A " 음료는 어떤게 좋습니까 ?" B " 커피를 부탁합니다 .""
443	水 みず	つめたい 水が 飲みたいです。 みず の
	물	차가운 물을 마시고 싶습니다.
444	[お]ゆ	カップに おゆを 入れます。 い
	뜨거운 물	컵에 뜨거운 물을 넣습니다.
445	つめたい	つめたい ジュースが 飲みたいです。 の
	차갑다	차가운 주스를 마시고 싶습니다.
446	～が いい	A「コーヒーと こうちゃと どちらが いいですか。」 B「こうちゃが いいです。」
	~ 가 좋다	A " 커피와 홍차중에 어느 것이 좋습니까 ?" B " 홍차가 좋습니다 ."

👉 "どちら"(86페이지 참조)

447	入れる い	・こうちゃに ミルクを 入れます。 い ・かばんに 本を 入れます。 ほん い
	넣다	홍차에 우유를 넣습니다. 가방에 책을 넣습니다.
448	ミルク	コーヒーに ミルクを 入れます。 い
	밀크 / 우유	커피에 우유를 넣습니다.

394 - 518

Section 2

449 じどうはんばいき | じどうはんばいきで 飲み物を 買います。
자동판매기 / 자판기 | 자동판매기에서 음료를 삽니다.

450 ぎゅうにゅう
우유

451 ジュース
주스

452 コーヒー
커피

453 こうちゃ
홍차

454 おちゃ
녹차

455 [お]さけ
사케 / 일본술

456 ビール
맥주

457 ワイン
와인

458 カップ
컵

459 コップ
컵

Section 3

요리
りょうり

460	**りょうり**	これは 日本(にほん)の りょうりです。
	요리	이것은 일본 요리입니다.

461 □
ごはん

밥

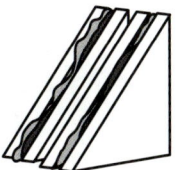

462 □
サンドイッチ

샌드위치

463 □
おにぎり

주먹밥 / 삼각김밥

464 □
[お]べんとう

도시락

465 □
ラーメン

라멘 / 라면

466 □
パスタ

파스타

Section 3

467 うどん

우동

468 そば

소바 / 모밀국수

469 てんぷら

튀김

470 すきやき

스키야키 / 전골

471 さしみ

사시미 / 회

472 カレーライス

카레라이스

473 ぎゅうどん

규동 / 소고기 덮밥

474 [お]すし

스시 / 초밥

475 □
ケーキ

케이크

476 □
アイスクリーム

아이스크림

477 □ とる	さとうを <u>とって</u> ください。
집다	설탕을 집어주십시오.

478 □	**479** □	**480** □	**481** □	**482** □
さとう	しお	しょうゆ	ニョクマム	ナンプラー
설탕	소금	간장	뇨크맘 (베트남 피시소스)	남플라 (태국 피시소스)

👍 "뇨크맘"은 베트남 피시소스이고, "남플라"는 태국 피시소스다.

Section 4
레스토랑
レストラン

483	何 なに	A「レストランで 何を 食べましたか。」 B「パスタを 食べました。」
	무엇	A " 레스토랑에서 무엇을 먹었습니까 ? " B " 파스타를 먹었습니다 . "
484	何か なに	A「あさ、何か 食べましたか。」 B「いいえ、何も 食べませんでした。」
	뭔가	A " 아침에 뭔가 먹었습니까 ? " B " 아니오 , 아무것도 먹지 않았습니다 . "
485	しょくじ〈する〉	しょくどうで 友だちと しょくじしました。
	식사 < 하다 >	식당에서 친구와 식사했습니다 .
486	ゆうめいな	すしは 日本の ゆうめいな りょうりです。
	유명한	초밥은 일본의 유명한 요리입니다 .
487	入る はい	① レストランに 入ります。 ② 大学に 入ります。
	들어가다	①레스토랑에 들어갑니다 . ②대학에 들어갑니다 .

👉 ① 공간 안으로 진입하다 ② 학교에 입학하다

488	レストラン	友だちと レストランに 行きました。
	레스토랑	친구와 레스토랑에 갔습니다 .
489	しょくどう	しょくどうは 11時から 7時までです。
	식당	식당은 11 시부터 7 시까지입니다 .

Chapter 5

490	ていしょく	しょくどうで <u>ていしょく</u>を 食べます。
	정식	식당에서 정식을 먹습니다.
491	きっさてん	<u>きっさてん</u>で サンドイッチを 食べました。
	찻집 / 카페	카페에서 샌드위치를 먹었습니다.
492	～で	スプーン<u>で</u> カレーライスを 食べます。
	~(으)로	숟가락으로 카레라이스를 먹습니다.

493 □
はし
젓가락

494 □
スプーン
숟가락

495 □
フォーク
포크

496 □
ナイフ
나이프

497 □
さら
접시

498 □
ちゃわん
그릇

👉 여성의 경우 お를 붙여 **おはし、おさら、おちゃわん**이라고 말한다.

Section 4

499 いらっしゃいませ。 어서오세요.

500 ごちゅうもんは？
주문하시겠습니까？

サンドイッチを おねがいします。
샌드위치를 부탁합니다.

501 これで おねがいします。
이걸로 부탁합니다.

はい。 네.

502 ほかに	A「ほかに ごちゅうもんは？」 B「コーヒーを おねがいします。」
그 밖에	A "그 밖에 주문있으신가요?" B "커피 부탁합니다."
503 べつべつに	べつべつに おねがいします。
따로(따로)	따로 따로 부탁합니다.

Section 5

어떠세요?

どうですか。

504	どう	A「日本の 食べ物は どうですか。」 B「おいしいです。」
	어떠한	A "일본 요리는 어떻습니까?" B "맛있습니다."
505	あまい	この ケーキは あまいですね。
	달다	이 케이크는 다네요.
506	からい	からい りょうりを よく 食べます。
	맵다	매운 요리를 잘 먹습니다.
507	おいしい	くだものは おいしいです。
	맛있다	과일은 맛있습니다.
508	ぜんぶ	(お)べんとうを ぜんぶ 食べました。
	전부 / 모두	도시락을 전부 먹었습니다.
509	じぶんで	A「おいしい りょうりですね。ぜんぶ じぶんで つくりましたか。」 B「はい。」
	혼자서	A "맛있는 요리네요. 전부 혼자서 만들었어요?" B "네."
510	おなかが すく	おなかが すきましたね。何か 食べませんか。
	배가 고프다	배가 고프네요. 뭐라도 먹지 않을래요?
511	のどが かわく	のどが かわきましたね。何か 飲みませんか。
	목이 마르다	목이 마르네요. 뭐라도 마시지 않을래요?

Section 5

512	いっぱいな	おなかが いっぱいです。
	가득하다	배가 부릅니다.
513	いかがですか	ワインは いかがですか。
	어떻습니까?	와인은 어떻습니까?
514	もう いっぱい	A「もう いっぱい いかがですか。」
	한 잔 더	A "한 잔 더 어떻습니까?"
515	けっこうです	B「いいえ、けっこうです。」
	괜찮습니다.	B "아니오, 괜찮습니다."
516	かんぱい	A・B「かんぱい!」
	건배	A&B "건배!"

잘 먹겠습니다.

잘 먹었습니다.

517 いただきます。

518 ごちそうさまでした。

N5
Chapter
6
취미

しゅみ

	단어 No.
1 취미 しゅみ	519 ~ 542
2 음악 おんがく	543 ~ 565
3 스포츠 スポーツ	566 ~ 587
4 날씨 てんき	588 ~ 607
5 계절 きせつ	608 ~ 634

Section 1

취미
しゅみ

519	しゅみ 취미	しゅみは カラオケです。 취미는 가라오케입니다.
520	日 ひ 날	休みの 日に 本を 読みます。 쉬는 날에 책을 읽습니다.
521	たのしい 재미있다 / 즐겁다	テニスは たのしいです。 테니스는 재미있습니다.
522	好きな す 좋아하다	スポーツが 好きです。 스포츠를 좋아합니다.
523	きらいな 싫어하다	まんがが きらいです。 만화를 싫어합니다.
524	あまり 그다지 / 별로	スポーツは あまり 好きじゃありません。 스포츠는 그다지 좋아하지 않습니다.
525	どちら 어느 쪽 / 어느 것	A「サッカーと やきゅうと どちらが 好きですか。」 B「サッカーの ほうが 好きです。」 A "축구와 야구 중에 어느 것을 좋아합니까?" B "축구 쪽을 좋아합니다."
526	どちらも 모두	C「どちらも 好きです。」 C "모두 좋아합니다."

Chapter 6

527	どっち	A「サッカーと やきゅうと どっちが 好き?」 B「サッカーの ほうが 好き。」
	어느 쪽 / 어느 것	A " 축구랑 야구랑 어느 것이 좋아 ?" B " 축구가 좋아 "

👉 "どっち"는 "どちら"의 비격식체다.

528	じょうずな	スミスさんは えが じょうずです。
	잘하다	스미스씨는 그림을 잘 그립니다 .

529	へたな	わたしは うたが へたです。
	못하다	저는 노래를 못합니다 .

530	まだまだです	A「にほんごが じょうずですね。」 B「いいえ、まだまだです。」
	아직입니다 / 아직 모자랍니다	A " 일본어를 잘하시네요 ." B " 아니오 . 아직 모자랍니다 ."

531	ならう	いけばなを ならいました。
	배우다	꽃꽂이를 배웠습니다 .

534	かんたんな	かんたんな えを かきます。
	간단하다	간단한 그림을 그립니다 .

532 □

いけばな

꽃꽂이

533 □

さどう

다도

Section 1

535	やさしい	A「さどうは やさしいですか。」 B「いいえ。むずかしいです。」
	쉽다	A " 다도는 쉽습니까 ?" B " 아니오 . 어렵습니다 ."
536	むずかしい	さどうは むずかしいです。
	어렵다	다도는 어렵습니다 .
537	しゃしん	これは かぞくの しゃしんです。
	사진	이것은 가족 사진입니다 .
538	とる	スマホで しゃしんを とります。
	찍다	스마트폰으로 사진을 찍습니다 .
539	カメラ	これは 父の カメラです。
	카메라	이것은 아버지의 카메라입니다 .
540	え	すてきな えですね。
	그림	멋진 그림이네요 .
541	かく	パンダの えを かきました。
	그리다	판다 그림을 그렸습니다 .
542	びじゅつかん	びじゅつかんで えを 見ます。
	미술관	미술관에서 그림을 봅니다 .

Section 2

음악
おんがく

543	おんがく	日本の おんがくが 好きです。
	음악	일본 음악을 좋아합니다.
544	カラオケ	カラオケが 好きです。
	가라오케 / 노래방	노래방을 좋아합니다.
545	いっしょに	いっしょに カラオケに 行きませんか。
	같이	같이 노래방에 가지 않을래요?
546	みんなで	クラスの みんなで カラオケに 行きました。
	다 같이 / 함께	학급생이 다 함께 노래방에 갔습니다.
547	うた	山田さんは うたが じょうずです。
	노래	야마다씨는 노래를 잘합니다.
548	うたう	みんなで 日本の うたを うたいます。
	부르다	다 같이 일본 노래를 부릅니다.
549	コンサート	コンサートに 行きました。
	콘서트	콘서트에 갔습니다.
550	クラシック	A「クラシックと ジャズと どちらが 好きですか。」 B「どちらも 好きです。」
	클래식	A " 클래식과 재즈 중에 어느 것을 좋아합니까? " B " 모두 좋아합니다. "

Section 2

551 ジャズ
ジャズの CDを よく 聞きます。
재즈
재즈 CD 를 자주 듣습니다.

552 ポップス
ポップスが 好きです。
팝 음악
팝 음악을 좋아합니다.

553 ロック
ロックは あまり 聞きません。
록
록은 그다지 듣지 않습니다.

554 ピアノ
ピアノを ひきます。
피아노
피아노를 칩니다.

555 ギター
これは あにの ギターです。
기타
이것은 형 / 오빠의 기타입니다.

556 ひく
A「ピアノを ひいても いいですか。」
B「はい、どうぞ。」
연주하다 / 치다
A " 피아노를 쳐도 괜찮습니까 ?"
B " 네, 괜찮습니다."

557 えいが
フランスの えいがを 見ました。
영화
프랑스 영화를 보았습니다.

558 えいがかん
えいがかんで えいがを 見ます。
영화관 / 극장
영화관에서 영화를 봅니다.

559 はじまる
えいがは 10 時に はじまります。
시작하다 / 시작되다
영화는 10 시에 시작합니다.

560 おわる
コンサートは 7時に おわります。
끝나다
콘서트는 7 시에 끝납니다.

Chapter 6

561	**まんが**	<u>まんが</u>は あまり 好きじゃありません。
	만화	만화는 그다지 좋아하지 않습니다.
562	**アニメ**	日本の <u>アニメ</u>が 好きです。
	애니메이션	일본 애니메이션을 좋아합니다.
563	**ゲーム**	日本の <u>ゲーム</u>は おもしろいです。
	게임	일본 게임은 재미있습니다.
564	**ソフト**	ゲームの <u>ソフト</u>を 買いました。
	소프트웨어	게임 소프트웨어를 샀습니다.
565	**おもしろい**	きのう、<u>おもしろい</u> アニメを 見ました。
	재미있다	어제 재미있는 애니메이션을 보았습니다.

Section 3

스포츠
スポーツ

566	ジョギング	まいにち、ジョギングを しています。
	조깅	매일 조깅을 하고 있습니다.
567	スキー	ほっかいどうで スキーを します。
	스키	홋카이도에서 스키를 탑니다.
568	ダンス	マリアさんは ダンスが じょうずです。
	댄스 / 춤	마리아씨는 춤을 잘 춥니다.
569	およぐ	おきなわの うみで およぎました。
	헤엄치다 / 수영하다	오키나와 바다에서 헤엄쳤습니다.
570	うみ	うみより 山のほうが 好きです。
	바다	바다보다 산을 좋아합니다.
571	プール	きのう、プールで およぎました。
	수영장	어제 수영장에서 수영했습니다.
572	川	この 川で およがないで ください。
	강	이 강에서 수영하지 마십시오.
573	つり	川で つりを します。
	낚시	강에서 낚시를 합니다.
574	のぼる	7月に ふじさんに のぼります。
	오르다	7월에 후지산을 오릅니다.

Chapter 6

575	山 _{やま}	ふじさんは きれいな 山です。
	산	후지산은 아름다운 산입니다.
576	しあい	サッカーの しあいが あります。
	시합	축구 시합이 있습니다.
577	かつ	ブラジルが かちました。
	이기다	브라질이 이겼습니다.
578	まける	山田さんは ホアンさんに まけました。
	지다	야마다씨는 호안씨에게 졌습니다.
579	さあ……	A「どちらが かつでしょうか。」 B「さあ……。わかりません。」
	글쎄(요)...	A " 어디가 이길까요?" B " 글쎄요... 모르겠습니다."

580 □　　つよい　　　　　　581 □　　よわい

강하다　　　　　　　　　　　약하다

Section 3

582 ☐
サッカー
축구

583 ☐
やきゅう
야구

584 ☐
すもう
스모

585 ☐
じゅうどう
유도

586 ☐
テニス
테니스

587 ☐
ゴルフ
골프

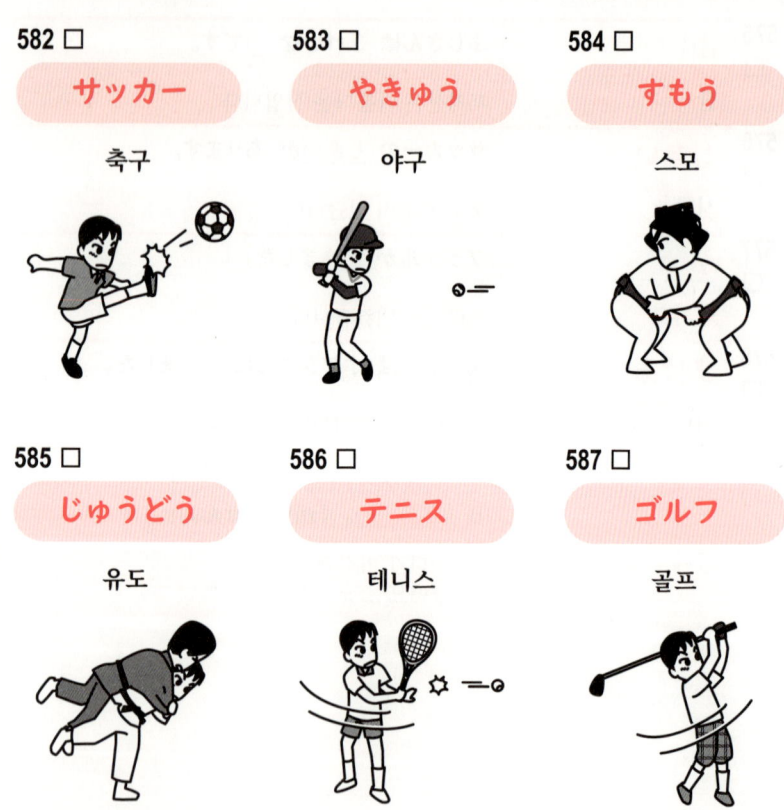

👉 "～します"는 축구, 야구, 스모, 테니스와 골프에 사용된다. "あそびます"는 "サッカーを あそびます"와 같이 사용하지 않는다.

Section 4

날씨

てんき

588	てんき	きょうの てんきは どうですか。
	날씨	오늘 날씨는 어떻습니까?
589	いい	① てんきが いいです。 ② あの人は いい 人です。
	좋다	①날씨가 좋습니다. ②저 사람은 좋은 사람입니다.
	👍 ① 좋은 날씨 ② 좋다	
590	わるい	① てんきが わるいです。 ② あの人は わるい 人です。
	나쁘다	①날씨가 나쁩니다. ②저 사람은 나쁜 사람입니다.
	👍 ① 나쁜 날씨 ② 나쁘다	
591	いい [お]てんきですね	A「おはようございます。 　　いい おてんきですね。」 B「そうですね。」
	좋은 날씨네요	A "안녕하세요. 좋은 날씨네요." B "그렇네요."
592	雨 あめ	きょうは 雨です。
	비	오늘은 비가 내립니다.
593	ゆき	きのうは ゆきでした。
	눈	어제는 눈이 내렸습니다.
594	ふる	きょう、雨が ふります。
	내리다	오늘 비가 내립니다.

Section 4

595

あつい

덥다

596

すずしい

시원하다

597

さむい

춥다

598

あたたかい

따뜻하다

Chapter 6

599	多い おお	6月は 雨が 多いです。 ろくがつ　あめ　おお
	많다	6월은 비가 많습니다.

👉 "**多い**"는 "~ が多いです"라는 형태로 사용된다. "**多い+명사**"의 형태로는 사용되지 않는다.

600	少ない すく	1月は 雨が 少ないです。 いちがつ　あめ　すく
	적다	1월은 비가 적습니다.

601	おもう	あしたは あついと おもいます。
	생각하다	내일은 더울거라고 생각합니다.

602	たぶん	あしたは たぶん 雨だと おもいます。 あめ
	아마도	내일은 아마도 비라고 생각합니다.

603	きっと	きっと ゆきが ふるでしょう。
	분명히 / 틀림없이	틀림없이 눈이 내리겠죠.

604	かさ	わたしの かさが ありません。
	우산	제 우산이 없습니다.

605	もってくる	学校へ かさを もってきました。 がっこう
	가지고 오다	학교에 우산을 가지고 왔습니다.

606	もっていく	会社へ かさを もっていきます。 かいしゃ
	가지고 가다	회사에 우산을 가지고 갑니다.

607	ばんぐみ	まいにち、てんきの ばんぐみを 見ます。 み
	프로그램	매일 날씨 프로그램을 봅니다.

Section 5 계절

きせつ

608	いつ	A「いつ、くにへ 帰りますか。」 B「らいねん、帰ります。」
	언제	A " 언제 고국에 돌아갑니까 ?" B " 내년에 돌아갑니다 ."
609	きょねん	きょねん、日本へ 来ました。
	작년	작년에 일본으로 왔습니다 .
610	ことし	ことし、イギリスへ りゅうがくします。
	올해	올해에 영국으로 유학갑니다 .
611	らいねん	らいねん、くにへ 帰ります。
	내년	내년에 고국으로 돌아갑니다 .
612	きせつ	日本の きせつは 4つ あります。
	계절	일본의 계절은 4 개 있습니다 .
613	いちばん	なつが いちばん 好きです。
	제일 / 가장	여름을 가장 좋아합니다 .
614	なる	① ふゆに なりました。さむく なりました。 ② いつか しゃちょうに なりたいです。
	되다	①겨울이 되었습니다 . 추워졌습니다 . ②언젠가 사장이 되고 싶습니다 .

👉 ① 특정한 시간 또는 계절이 오다 ② 특정한 지위 또는 직업에 관여하다

Chapter 6

615 ☐

はる

봄

616 ☐

なつ

여름

617 ☐

あき

가을

618 ☐

ふゆ

겨울

619 ☐	花 はな	母は 花が 好きです。 はは はな す
	꽃	어머니는 꽃을 좋아합니다.
620 ☐	月 つき	月が きれいです。 つき
	달	달이 예쁩니다.
621 ☐	[お]花見 はなみ	日本人は 花見が 好きです。 にほんじん はなみ す
	(벚)꽃놀이	일본인은 벚꽃놀이를 좋아합니다.

Section 5

622	さくら	さくらは きれいな 花です。
	벚꽃	벚꽃은 예쁜 꽃입니다.
623	花火(はなび)	なつに 花火を 見ました。
	불꽃놀이	여름에 불꽃놀이를 봤습니다.
624	もみじ	山で もみじを 見ました。
	단풍	산에서 단풍을 보았습니다.
625	はじめて	はじめて さくらを 見ました。
	처음으로	처음으로 벚꽃을 보았습니다.
626	いちど	いちど、花見を した ことが あります。
	한 번	한 번 벚꽃놀이를 한 적이 있습니다.
627	何(なん)かいも	何かいも ほっかいどうへ 行きました。
	몇 번이나	몇 번이나 홋카이도에 갔습니다.
628	いちども	いちども きょうとへ 行った ことが ありません。
	한 번도	한 번도 교토에 간 적이 없습니다.

👉 "いちども~ません"의 형태로 사용한다.

629	こうえん	こうえんで 花見を します。
	공원	공원에서 벚꽃놀이를 합니다.
630	さんぽ〈する〉	犬と こうえんを さんぽします。
	산책〈하다〉	강아지와 공원을 산책합니다.
631	とても	A「さくらが とても きれいですね。」
	매우 / 정말	A "벚꽃이 정말 예쁘네요."
632	ほんとうに	B「ほんとうに そうですね。」
	정말로 / 진짜로	B "정말로 그렇네요."

Chapter 6

633	ぜひ	ぜひ わたしの うちに 来てください。
	꼭 / 부디	꼭 저희 집에 와주십시오.
634	もちろん	A「土よう日の お花見に 行きますか。」 B「はい、もちろんです。」
	물론	A "토요일 벚꽃놀이에 갑니까?" B "네, 물론입니다."

N5
Chapter
7
쇼핑

買い物
か　もの

	단어 No.
1 쇼핑 買い物	635 ~ 659
2 가게 みせ	660 ~ 679
3 ATM ATM エーティーエム	680 ~ 695
4 보내다 おくる	696 ~ 713
5 선물 プレゼント	714 ~ 733

Section 1

쇼핑

買い物（かいもの）

635	買い物〈する〉	スーパーで 買い物をします。
	쇼핑 < 하다 >	슈퍼에서 쇼핑을 합니다.
636	~を ください	これを ください。
	~을 주십시오	이것을 주십시오.
637	~と	ぎゅうにゅうと パンを 買いました。
	~ 와	우유와 빵을 샀습니다.
638	~や ~［など］	ジュースや アイスクリームを 買います。
	~ 와 ~[등]	주스와 아이스크림을 삽니다.
639	いくら	A「この パソコンは いくらですか。」
	얼마	A " 이 컴퓨터는 얼마입니까?"
640	円	B「9万円です。」
	엔	B " 9 만엔입니다."
641	高い	この カメラは 高いですね。
	비싸다	이 카메라는 비싸네요.
642	安い	安い カメラが 買いたいです。
	싸다 / 저렴하다	저렴한 카메라를 사고 싶습니다.
647	ちょっと	A「これは ちょっと 高いですね。」
	조금	A " 이것은 조금 비싸네요."

Chapter 7

643 百 ひゃく — 백

644 千 せん — 천

645 万 まん — 만

646 おく — 억

¥1	一円 いちえん
¥10	十円 じゅうえん
¥100	百円 ひゃくえん
¥1,000	千円 せんえん
¥10,000	一万円 いちまんえん
¥100,000,000	一おく円 いちおくえん

648 では

B「では、こちらは いかがですか。6万円です。」

그렇다면 / 그러면

B "그러면 이쪽은 어떻습니까? 6만엔입니다."

649 じゃ

A「じゃ、それを ください。」

그럼

A "그럼, 그걸로 주십시오."

👉 "じゃ"는 "では"의 비격식체다.

650 [お]金 かね

日本の お金は 円です。

돈

일본의 돈은 엔입니다.

651 はらう

お金を はらいます。

지불하다 / 내다

돈을 지불합니다.

652 おつり

おつりは 850円です。

거스름돈

거스름돈은 850엔입니다.

Section 1

653	こまかい [お]金 かね	こまかい お金が ありません。 かね
	잔돈	잔돈이 없습니다.
654	たりる	お金が たりません。 かね
	충분하다	돈이 부족합니다.
655	せいかつ	とうきょうの せいかつは たのしいです。
	생활	도쿄 생활은 즐겁습니다.
656	ぶっか	とうきょうは ぶっかが 高いです。 たか
	물가	도쿄는 물가가 비쌉니다.
657	いくつ	A「りんごを いくつ 買いましたか。」 か B「5つ 買いました。」 いつ か
	몇 개	A " 사과를 몇 개 샀습니까?" B " 다섯 개 샀습니다."
658	ぜんぶで	A「りんごを 5つ ください。」 B「はい。ぜんぶで 500円です。」 いつ ごひゃくえん
	전부	A " 사과를 다섯 개 주십시오." B " 네. 전부 500 엔입니다."

Chapter 7

659 □

 ~ 개

👉 "1つ, 2つ"는 달걀이나 과일같이 작은 것을 셀 때 사용된다. 일반적인 숫자를 세는 접미사로 사용된다.

Section 2

가게

みせ

660	みせ	いろいろな みせが あります。
	가게	여러 가지 가게가 있습니다.
661	～や	パンやで パンを 買います。
	~ 가게 / ~ 집	빵집에서 빵을 삽니다.
662	デパート	日よう日に デパートで 買い物しました。
	백화점	일요일에 백화점에서 쇼핑했습니다.
663	コンビニ	コンビニで おべんとうを 買います。
	편의점	편의점에서 도시락을 삽니다.
664	うる	コンビニで おにぎりを うって います。
	팔다	편의점에서 삼각김밥을 팔고 있습니다.
665	うりば	A「やさいの うりばは どこですか。」 B「あそこです。」
	판매장	A " 야채 매장은 어디입니까?" B " 저쪽입니다."
666	コーナー	ニョクマムは しょうゆの コーナーに あります。
	코너	뇨크맘은 간장 코너에 있습니다.
667	たな	飲み物は その たなです。
	선반	음료는 그 선반입니다.
668	コピー〈する〉	コンビニで コピーします。
	복사 < 하다 >	편의점에서 복사합니다.

Chapter 7

669	チケット	コンサートの チケットを 買います。
	티켓	콘서트 티켓을 삽니다.
670	カタログ	パソコンの カタログを 見ます。
	카달로그	컴퓨터 카달로그를 봅니다.
671	ざっし	きっさてんで ざっしを 読みました。
	잡지	카페에서 잡지를 읽었습니다.
672	しんぶん	コンビニで しんぶんを 買います。
	신문	편의점에서 신문을 삽니다.
673	ほしい	小さい パソコンが ほしいです。
	갖고 싶다	작은 컴퓨터가 갖고 싶습니다.
674	できる	① コンビニで チケットの よやくが できます。 ② ダンスが できます。
	가능하다 / 할 수 있다	① 편의점에서 티켓 예약을 할 수 있습니까? ② 춤을 출 수 있습니다.

👍 ① 가능한 상황 ② 어떤 것을 할 수 있는 능력을 갖추다

675	～で ございます	きゃく「いくらですか。」 てんいん「3,500円で ございます。」
	입니다	손님 " 얼마입니까?" 점원 " 3,500 엔입니다."

Section 2

676 おさがしですか。

찾고 계십니까?

677 見せる

보여주다

678 かしこまりました。

알겠습니다.

679 しょうしょう おまちください。

잠시 기다려주십시오.

어떤 카메라를 찾고 계십니까?
どんな カメラを おさがしですか。

저 카메라를 보여 주십시오.
あの カメラを 見せて ください。

かしこまりました。
しょうしょう おまちください。

알겠습니다.
잠시만 기다려주십시오.

Section 3

ATM

ATM（エーティーエム）

680 ～かた

~(방)법

681 おひきだしですか。

인출하십니까?

ATM 사용법을 모르겠습니다.
ATMの つかいかたが わかりません。

おひきだしですか。

はい。
네

では、こちらへどうぞ。
그럼 이쪽으로 오세요.

682	げんきん	げんきんが ありません。
	현금	현금이 없습니다.
683	ATM（エーティーエム）	こちらに ATM が あります。
	현금자동입출금기 / ATM	이쪽에 ATM이 있습니다.
684	おろす	ATMで お金を おろします。
	찾다	ATM에서 돈을 찾습니다.

Section 3

685	**まず**	まず キャッシュカードを 入れて ください。
	우선 / 먼저	つぎに あんしょうばんごうを おして ください。
686	**キャッシュカード**	それから きんがくを おして ください。
	현금카드	かくにん ボタンを おして ください。
687	**つぎに**	ここから お金が 出ます。
	다음으로	

우선 현금카드를 넣어 주십시오.
다음으로 비밀번호를 눌러 주십시오.
그 다음에 금액을 눌러 주십시오.
확인 버튼을 눌러 주십시오.
여기에서 돈이 나옵니다.

688 **[あんしょう]ばんごう**
비밀번호

689 **おす**
누르다

690 **それから**
그 다음에

691 **きんがく**
금액

692 **かくにん〈する〉**
확인 < 하다 >

693 **ボタン**
버튼

694 **出る**
나가다

695 **かえる** | 円を ドルに かえます。
바꾸다 | 엔을 달러로 바꿉니다.

Section 4

보내다

おくる

696	ゆうびんきょく	あした、ゆうびんきょくへ 行きます。
	우체국	내일 우체국에 갑니다.
697	ポスト	はがきを ポストに 入れます。
	우편함 / 우체통	엽서를 우체통에 넣습니다.
698	てがみ	てがみを 書きます。
	편지	편지를 씁니다.
699	はがき	はがきを 3まい おねがいします。
	엽서	엽서를 3장 부탁합니다.
700	ねんがじょう	先生に ねんがじょうを 出します。
	연하장	선생님께 연하장을 보냅니다.
701	出す	こうくうびんで てがみを 出します。
	보내다	항공편으로 편지를 보냅니다.
702	メール	メールを おくります。
	이메일	이메일을 보냅니다.
703	おくる	かぞくに にもつを おくります。
	보내다	가족에게 짐을 보냅니다.
704	きって	きってを 買います。
	우표	우표를 삽니다.

Section 4

705	**あつめる**	きってを **あつめて** います。
	모으다	우표를 모으고 있습니다.
706	**ふうとう**	**ふうとう**に てがみを 入れます。
	봉투	봉투에 편지를 넣습니다.
707	**がいこく**	**がいこく**に てがみを 出します。
	외국	외국에 편지를 보냅니다.
708	**エアメール**	イギリスまで **エアメール**で おねがいします。
	에어메일	영국까지 에어메일로 부탁합니다.
709	**こうくうびん**	**こうくうびん**で おくります。
	항공편	항공편으로 보냅니다.
710	**ふなびん**	**ふなびん**で おくります。
	배편 / 선편	배편으로 보냅니다.
711	**にもつ**	ゆうびんきょくで **にもつ**を おくります。
	짐	우체국에서 짐을 보냅니다.
712	**おもい**	この にもつは **おもい**ですね。
	무겁다	이 짐은 무겁네요.
713	**かるい**	この にもつは **かるい**ですね。
	가볍다	이 짐은 가볍네요.

Section 5

선물

プレゼント

714	**あげる**	友(とも)だちに プレゼントを <u>あげ</u>ます。
	주다	친구에게 선물을 줍니다.
715	**もらう**	父(ちち)に じしょを <u>もらい</u>ました。
	받다	아버지에게 사전을 받았습니다.
716	**くれる**	友(とも)だちが おみやげを <u>くれ</u>ました。
	주다	친구가 기념품을 주었습니다.
717	**プレゼント**	おとうとに <u>プレゼント</u>を あげました。
	선물	남동생에게 선물을 주었습니다.
718	**物(もの)**	いろいろな <u>物(もの)</u>を もらいました。
	물건 / 것	여러 가지 물건을 받았습니다.
719	**パーティー**	友(とも)だちと <u>パーティー</u>を します。
	파티	친구와 파티를 합니다.
720	**はじめる**	6時(ろくじ)に パーティーを <u>はじめ</u>ます。
	시작하다	6시에 파티를 시작합니다.
721	**だれ**	A「あの 人(ひと)は <u>だれ</u>ですか。」 B「ホアンさん ですよ。」
	누구	A " 저 사람은 누구입니까? " B " 호안씨예요. "
722	**どなた**	A「あの かたは <u>どなた</u>ですか。」
	어느 분 / 누구	A " 저 분은 누구십니까? "

Section 1

723	あの かた	B「あの かたは 大学の スミス先生です。」
	저분	B " 저 분은 대학교의 스미스 선생님입니다 ."
724	クリスマス	クリスマスに パーティーを します。
	크리스마스	크리스마스에 파티를 합니다 .
725	[お]たんじょうび	A「たんじょうびは いつ ですか。」 B「5月5日です。」
	생일	A " 생일이 언제입니까 ?" B " 5 월 5 일입니다 ."
726	生まれる	友だちに 子どもが 生まれました。
	태어나다	친구에게 아이가 태어났습니다 .
727	おめでとう[ございます]	A「おたんじょうび おめでとうございます。」 B「ありがとうございます。」
	축하 [합니다]	A " 생일 축하합니다 ." B " 감사합니다 ."
728	わあ	A「これ、プレゼントです。」 B「わあ、ありがとうございます。」
	우와	A " 여기 선물입니다 ." B " 우와 감사합니다 ."

Section 5　　　　　　　　　　　　　　　　　Chapter 7

729	何さい _{なん}	A「ホアンさんは <u>何さい</u>ですか。」 _{なん} B「２１さいです。」 _{にじゅういっ}
	몇 살	A " 호안씨는 몇 살입니까?" B " 21 살입니다."
730	[お]いくつ	A「おとうとさんは <u>おいくつ</u>ですか。」 B「１５さいです。」 _{じゅうご}
	몇 살	A " 남동생은 몇 살 입니까?" B " 15 살입니다."

731 □

～さい

~ 세 / 살

1	いっさい
2	にさい
3	さんさい
4	よんさい
5	ごさい
6	ろくさい
7	ななさい
8	はっさい
9	きゅうさい
10	じゅっさい
20	はたち
?	何さい／（お）いくつ _{なん}

Section 1

732 何日 (なんにち)

A「きょうは 何日(なんにち)ですか。」
B「5日(いつか)です。」

며칠

A " 오늘은 며칠입니까?"
B " 5 일입니다."

733 □

〜日(にち)　〜일

1日	2日	3日	4日	5日
ついたち	ふつか	みっか	よっか	いつか
6日	7日	8日	9日	10日
むいか	なのか	ようか	ここのか	とおか
11日	12日	13日	14日	15日
じゅういちにち	じゅうににち	じゅうさんにち	じゅうよっか	じゅうごにち
16日	17日	18日	19日	20日
じゅうろくにち	じゅうしちにち	じゅうはちにち	じゅうくにち	はつか
21日	22日	23日	24日	25日
にじゅういちにち	にじゅうににち	にじゅうさんにち	にじゅうよっか	にじゅうごにち
26日	27日	28日	29日	30日
にじゅうろくにち	にじゅうしちにち	にじゅうはちにち	にじゅうくにち	さんじゅうにち
31日	何日			
さんじゅういちにち	なんにち			

N5
Chapter
8

쉬는 날
休みの日
やす　　ひ

	단어 No.
1 탈 것 のりもの	734 ～ 762
2 어느 정도? どのくらい?	763 ～ 774
3 길 みち	775 ～ 797
4 어디? どこ?	798 ～ 810
5 외출하다 出かける	811 ～ 835

Section 1

탈 것

のりもの

734	えき	・とうきょうえき ・おおさかえき ・ひろしまえき
	역	도쿄역 오사카역 히로시마역
735	電車(でんしゃ)	えきで 電車に のります。
	전철	역에서 전철을 탑니다.
736	のる	きゅうこうに のります。
	타다	급행을 탑니다.
737	おりる	しぶやで 電車を おります。
	내리다	시부야에서 전철을 내립니다.
738	きっぷ	えきで きっぷを 買います。
	표	역에서 표를 삽니다.
739	つぎの	つぎの えきは しんじゅくです。
	다음	다음 역은 신주쿠입니다.
740	のりかえる	とうきょうえきで のりかえます。
	환승하다 / 갈아타다	도쿄역에서 환승합니다.

Chapter 8

741 □

かくえき

각역정차

742 □

きゅうこう

급행

743 □

とっきゅう

특급

744 □	しんかんせん	しんかんせんで きょうとへ 行きます。
	신칸센	신칸센으로 교토에 갑니다.
745 □	ちかてつ	きょうとえきで ちかてつに のります。
	지하철	교토역에서 지하철을 탑니다.
746 □	～ばんせん	8ばんせんで きゅうこうに のります。
	~ 번선	8 번선에서 급행을 탑니다.
747 □	何ばんせん	A「しんかんせんは 何ばんせんですか。」 B「14ばんせんです。」
	몇 번선	A " 신칸센은 몇 번선입니까?" B " 14 번선입니다."
748 □	じどうしゃ	トヨタは じどうしゃの かいしゃです。
	자동차	도요타는 자동차 회사입니다.

Section 1

749	車 <ruby>くるま</ruby>	これは 車の ざっしです。
	차 / 자동차	이것은 자동차 잡지입니다.
750	うんてん〈する〉	車を うんてんします。
	운전 < 하다 >	차를 운전합니다.
751	おくる	A「車で えきまで おくりましょうか。」 B「ありがとうございます。」
	보내다	A " 차로 역까지 모셔드릴까요 ? " B " 감사합니다 . "
752	ちゅうしゃじょう	ちゅうしゃじょうは ありません。
	주차장	주차장은 없습니다.
753	とめる	・ちゅうしゃじょうに 車を とめます。 ・ここで とめて ください。
	멈추다 / 세우다	주차장에 차를 세웁니다. 여기에 세워주십시오.
754	じてんしゃ	じてんしゃで えきまで 行きます。
	자전거	자전거로 역까지 갑니다.
755	バイク	バイクで かいしゃへ 来ました。
	오토바이	오토바이로 회사에 왔습니다.
756	バス	バスで なごやに 行きました。
	버스	버스로 나고야에 갔습니다.
757	タクシー	タクシーに のりましょう。
	택시	택시를 탑시다.

Chapter 8

758	ひこうき	ひこうきで 3時間ぐらいです。
	비행기	비행기로 3 시간 정도입니다.
759	ふね	よこはままで ふねに のります。
	배	요코하마에서 배를 탑니다.
760	のりば	バスのりばは どこですか。
	정류장 / 승강장	버스 승강장은 어디입니까?
761	くうこう	くうこうは なりたに あります。
	공항	공항은 나리타에 있습니다.
762	じこくひょう	えきに じこくひょうが あります。
	시각표 / 시간표	역에 시간표가 있습니다.

Section 2

어느 정도?

どのくらい？

763	時間(じかん)	・時間が あります。 ・時間が ありません。
	시간	시간이 있습니다. 시간이 없습니다.
764	いそぐ	いそぎましょう。
	서두르다	서두릅시다.
765	どのくらい／ぐらい	大学まで どのくらい かかりますか。
	어느 정도	대학교까지 어느 정도 걸립니까?
766	かかる	じてんしゃで 10分ぐらい かかります。
	걸리다	자전거로 10분 정도 걸립니다.
767	ちかい	大学は えきから ちかいです。
	가깝다	대학교는 역에서 가깝습니다.
768	とおい	としょかんは うちから とおいです。
	멀다	도서관은 집에서 멉니다.
769	ずっと	とっきゅうの ほうが きゅうこうより ずっと はやいです。
	훨씬	특급이 급행보다 훨씬 빠릅니다.
770	いつも	いつも ひこうきで おおさかへ 行きます。
	항상	항상 비행기로 오사카에 갑니다.

Chapter 8

771	たいてい	<u>たいてい</u> バスで 帰_{かえ}ります。
	대개 / 대부분	대개 버스로 돌아갑니다.
772	よく	<u>よく</u> こうえんを さんぽします。
	자주	자주 공원을 산책합니다.
773	ときどき	<u>ときどき</u> タクシーに のります。
	가끔씩	가끔 택시를 탑니다.
774	だけ	1かい<u>だけ</u> ひこうきに のったことが あります。
	만 / 뿐	딱 한 번 비행기를 탄 적이 있습니다.

Section 3

길

みち

775	どうやって	A「くうこうまで どうやって 行きますか。」 B「しんじゅくから バスで 行きます。」
	어떻게	A " 공항까지 어떻게 갑니까 ?" B " 신주쿠에서 버스로 갑니다 ."
776	あるく	あるいて スーパーに 行きます。
	걷다	걸어서 슈퍼에 갑니다 .
777	みち	この みちを しって います。
	길	이 길을 알고 있습니다 .
778	まっすぐ	この みちを まっすぐ 行って ください。
	똑바로 / 곧장	이 길을 똑바로 가주십시오 .
779	まがる	しんごうを 左に まがります。
	돌다 / 구부러지다	신호를 왼쪽으로 돕니다 .
780	わたる	この はしを わたります。
	건너다	이 다리를 건넙니다 .
781	せつめい〈する〉	行きかたを せつめいして ください。
	설명 < 하다 >	가는 방법을 설명해 주십시오 .

Chapter 8

782 かど
코너 / 길 모퉁이

783 こうさてん
네거리 / 교차로

784 しんごう
신호

785 左 (ひだり)
왼쪽

786 右 (みぎ)
오른쪽

787 はし
다리

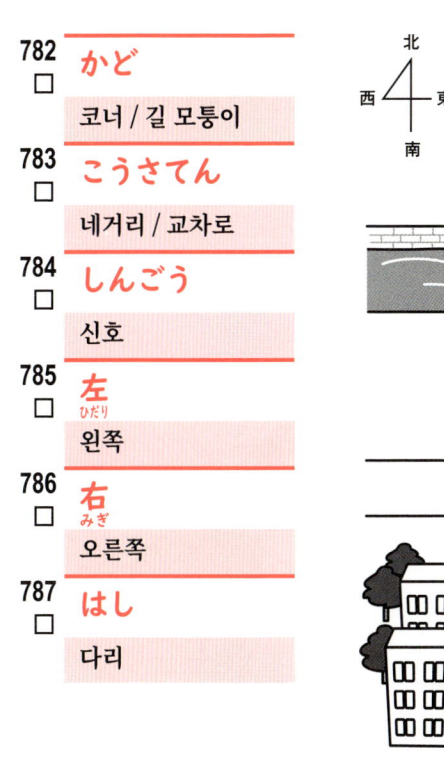

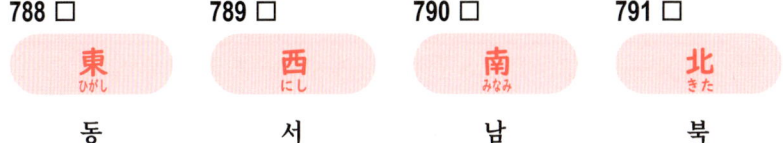

788 東 (ひがし) 동

789 西 (にし) 서

790 南 (みなみ) 남

791 北 (きた) 북

Section 3

792	いくつ目	A「ぎんこうへ 行きたいです。 　　　いくつ目の こうさてんですか。」 B「3つ目ですよ。」
	몇 번째	A "은행에 가고 싶습니다. 몇 번째 교차로입니까?" B "세 번째예요."

793 □

1つ目
첫 번째

794 □

2つ目
두 번째

795 □

3つ目
세 번째

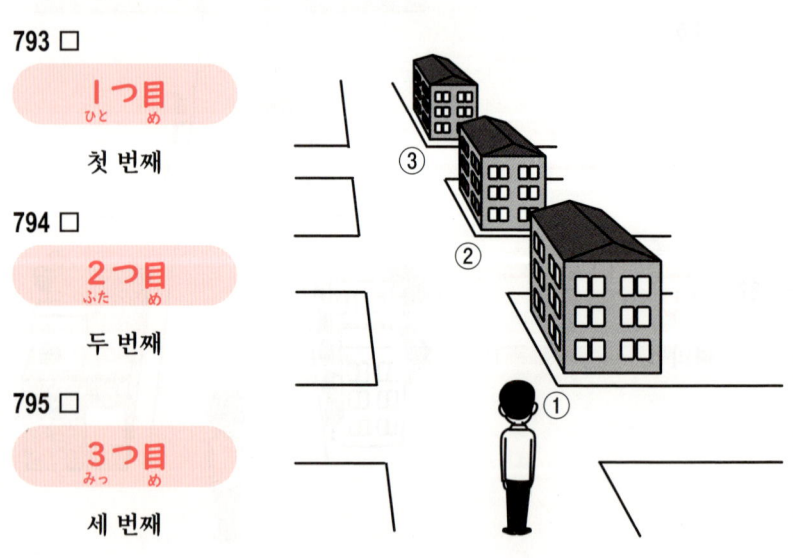

796	何メートル	A「何メートルぐらい あるきますか。」
	몇 미터	A "몇 미터 정도 걷습니까?"
797	～メートル	B「500メートルぐらい あるきます。」
	～ 미터	B "500 미터 정도 걷습니다."

Section 4

어디?
どこ？

798 となり
옆 / 이웃

799 間 あいだ
사이

800 ちかく
가까이

801 上 うえ 위

802 下 した 아래

803 まえ
앞

804 うしろ
뒤

Section 4

805 中 (なか) 안 / 속

806 外 (そと) 밖

807 あそこ 저기

808 ここ 여기

809 そこ 거기

👉 42 페이지 참조

810	どこ	A「ぎんこうは <u>どこ</u>ですか。」 B「ゆうびんきょくの となりです。」
	어디	A "은행은 어디입니까?" B "우체국 옆입니다."

👉 "ここ", "そこ", "あそこ", "どこ"를 격식있게 말할 때 "こちら", "そちら", "あちら", "どちら"를 사용한다. 친구와의 격식없는 대화에서는 "こっち", "そっち", "あっち", "どっち"를 사용한다.

Section 5

외출하다

出かける

811	出(で)かける	日(にち)よう日(び)に よく 出(で)かけます。
	외출하다	일요일에 자주 외출합니다.
812	出(で)る	① 8時(はちじ)に うちを 出(で)ます。 ② きょねん、高校(こうこう)を 出(で)ました。
	나가다	①8시에 집을 나갑니다. ②작년에 고등학교를 졸업했습니다.

👍 ① 밖으로 나가다 ② 졸업하다

813	つく	10時(じゅうじ)に かいしゃに つきます。
	도착하다	10시에 회사에 도착합니다.
814	あう	えきで 友(とも)だちに あいます。
	만나다	역에서 친구를 만납니다.
815	まつ	1時間(いちじかん) 友(とも)だちを まちました。
	기다리다	1시간 친구를 기다렸습니다.
816	デート〈する〉	あした、かのじょと デートします。
	데이트〈하다〉	내일 여자친구와 데이트합니다.
817	やくそく〈する〉	友(とも)だちと やくそくが あります。
	약속〈하다〉	친구와 약속이 있습니다.
818	ようじ	きょうは ようじが あります。
	용무/볼일/용건	오늘은 용무가 있습니다.

Section 5

819 つごうが いい

きょうは つごうが いいです。

형편/사정이 좋다

오늘은 사정이 좋습니다.

820 つごうが わるい

あしたは つごうが わるいです。

형편/사정이 나쁘다

내일은 사정이 나쁩니다.

821 だめです

A「きょうは だめですか。」
B「はい。きょうは ちょっと……。」

안됩니다

A "오늘은 안됩니까?"
B "네. 오늘은 조금…"

822 かえる

やくそくの 時間を かえます。

바꾸다

약속 시간을 바꿉니다.

823 お出かけですか

A「お出かけですか。」

외출합니까?

A "외출합니까?"

824 ちょっと～まで

B「はい、ちょっと しんじゅくまで。」

조금 ~ 까지

B "네, 잠깐 신주쿠까지."

825 よかったら～

A「よかったら いっしょに ひろしまへ 行きませんか。」
B「はい、ぜひ。」

괜찮으면

A "괜찮으면 같이 히로시마에 가지 않겠습니까?"
B "네, 꼭이요."

826 すみません

① すみません。きょうは ようじが あります。
② すみません。ぎんざまで いくらですか。

죄송합니다

①죄송합니다. 오늘은 용무가 있습니다.
②저기요. 긴자까지 얼마입니까?

👉 ① 사과할 때 사용한다 ② 다른 사람을 부를 때 사용한다

Chapter 8

827	~でも~ませんか	A「お茶でも 飲みませんか。」
	~ 라도 ~ 하시겠습니까?	A " 차라도 드시겠습니까 ?"
828	~は ちょっと……	B「すみません。きょうは ちょっと……。」
	~ 은 조금 ...	B " 죄송합니다 . 오늘은 조금 ..."
829	ざんねんですが	A「あした、えいがを 見ませんか。」 B「ざんねんですが、あしたは ちょっと……。」
	안타깝지만	A " 내일 영화를 보지않을래요 ?" B " 안타깝지만 내일은 조금 ..."
830	また こんど おねがいします	B「また こんど おねがいします。」
	다음 번에 부탁드립니다	B " 다음 번에 부탁드리겠습니다 ."
831	チャンス	チャンスが あったら、 ほっかいどうへ 行きたいです。
	기회 / 찬스	기회가 있으면 홋카이도에 가고 싶습니다 .

Section 5

다녀오겠습니다.

832 いってきます。

안녕히 다녀오세요.

833 いってらっしゃい。

다녀왔습니다.

834 ただいま。

어서오세요.

835 おかえりなさい。

N5
Chapter
9
살다
すむ

	단어 No.
1 집 いえ	836 〜 862
2 아파트 2층 アパートの 2かい	863 〜 872
3 이사 ひっこし	873 〜 892
4 선생님 집 先生の いえ	893 〜 924
5 전기 電気 でんき	925 〜 942

Section 1
집
いえ

836	いえ	わたしの いえは ふくおかに あります。
	집	저의 집은 후쿠오카에 있습니다.
837	へや	へやに キッチンが あります。
	방	방에 주방이 있습니다.
838	まど	まどを あけます。
	창문	창문을 엽니다.
839	ドア	ドアを しめます。
	문	문을 닫습니다.
840	あける	ドアを あけないで ください。
	열다	문을 열지 마십시오.
841	しめる	まどを しめても いいですか。
	닫다	창문을 닫아도 괜찮습니까?
842	かぎ	これは アパートの かぎです。
	열쇠	이것은 아파트 열쇠입니다.
843	ベッド	へやに ベッドが あります。
	침대	방에 침대가 있습니다.
848	テーブル	ダイニングキッチンに テーブルが あります。
	테이블	다이닝 키친에 테이블이 있습니다.

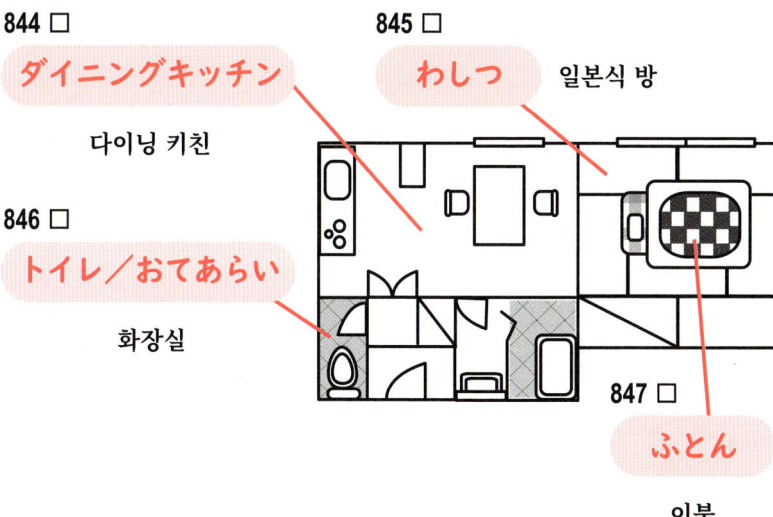

844 ダイニングキッチン
다이닝 키친

845 わしつ
일본식 방

846 トイレ／おてあらい
화장실

847 ふとん
이불

849	つくえ	じしょは <u>つくえ</u>の 上です。
	책상	사전은 책상 위에 있습니다.
850	いす	<u>いす</u>に すわります。
	의자	의자에 앉습니다.
851	すわる	どうぞ <u>すわって</u> ください。
	앉다	자, 앉으십시오.
852	立つ	ララちゃんは いえの まえに <u>立って</u> います。
	서다	라라짱은 집 앞에 서있습니다.
853	せんたく〈する〉	1しゅうかんに 1かい、<u>せんたくし</u>ます。
	세탁〈하다〉	일주일에 한 번 세탁합니다.

Section 1

854	**そうじ〈する〉**	まいにち、そうじします。
	청소〈하다〉	매일 청소합니다.
855	**ごみ**	ごみの 日は 木よう日です。
	쓰레기	쓰레기 내놓는 날은 목요일입니다.
856	**すてる**	木よう日に ごみを すてます。
	버리다	목요일에 쓰레기를 버립니다.
857	**おく**	ここに にもつを おいて ください。
	두다	여기에 짐을 두십시오.
858	**すむ**	かぞくは タイに すんで います。
	살다	가족은 태국에 살고 있습니다.
859	**じゅうしょ**	ここに じゅうしょを 書いて ください。
	주소	여기에 주소를 적어 주십시오.

Chapter 9

860
れいぞうこ
냉장고

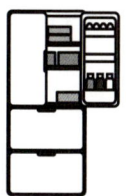

861
せんたくき
세탁기

862
そうじき
청소기

Section 2

아파트 2층
アパートの2かい

863	たてもの	A「デパートは どの たてものですか。」 B「あの たてものです。」
	건물	A " 백화점은 어느 건물입니까?" B " 저 건물입니다 ."
864	アパート	アパートの 2かいに すんで います。
	아파트	아파트 2 층에 살고 있습니다 .
865	りょう	ホアンさんは りょうに すんで います。
	기숙사	호안씨는 기숙사에 살고 있습니다 .
866	ビル	かいしゃは あの ビルです。
	빌딩	회사는 저 빌딩입니다 .
867	かいだん	かいだんは あそこです。
	계단	계단은 저쪽입니다 .
868	エスカレーター	エスカレーターで 5かいに 行きます。
	에스컬레이터	에스컬레이터로 5 층에 갑니다 .
869	エレベーター	エレベーターに のりましょう。
	엘리베이터	엘리베이터를 탑시다 .

Chapter 9

870	何かい / がい _{なん}	A「ホアンさんの へやは <u>何がい</u>ですか。」 B「2かいです。」
	몇 층	A "호안씨 방은 몇 층입니까?" B "2층입니다."

871

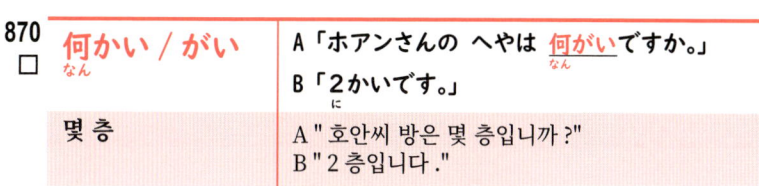

~かい ~층

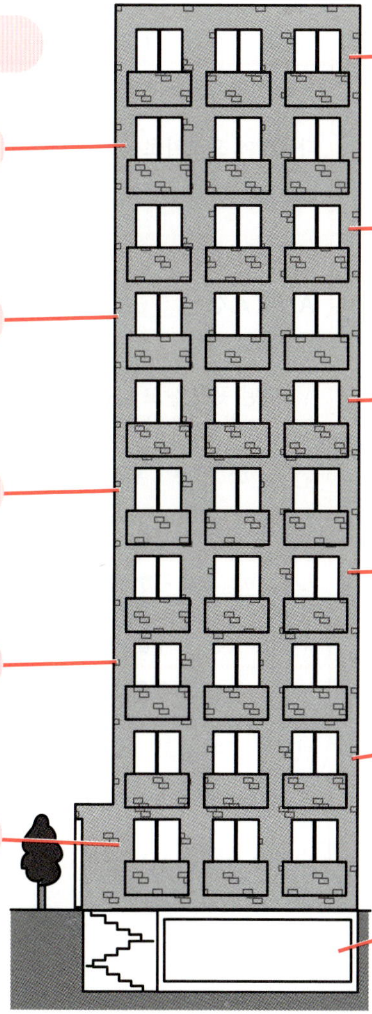

10かい (じゅっ) 10층
9かい (きゅう) 9층
8かい (はっ) 8층
7かい (なな) 7층
6かい (ろっ) 6층
5かい (ご) 5층
4かい (よん) 4층
3がい (さん) 3층
2かい (に) 2층
1かい (いっ) 1층

872

ちか 지하

Section 3

이사

ひっこし

873	ひっこし	ひっこしは いつですか。
	이사	이사는 언제입니까?
874	てんきん〈する〉	らいげつ、おおさかへ てんきんします。
	전근 < 하다 >	다음달에 오사카로 전근갑니다.
875	やちん	ここは やちんが 高いです。
	월세 / 집세	여기는 집세가 비쌉니다.
876	ところ	A「どんな ところに すみたいですか。」 B「べんりな ところに すみたいです。」
	장소 / 곳	A " 어떤 곳에 살고 싶습니까?" B " 편리한 곳에 살고 싶습니다."
877	いなか	いなかが 好きです。
	시골	시골을 좋아합니다.
878	しずかな	しずかな ところが 好きです。
	조용하다	조용한 곳을 좋아합니다.
879	にぎやかな	にぎやかな ところに すみたいです。
	활기차다 / 번화하다	번화한 곳에 살고 싶습니다.
880	べんりな	スーパーが ちかいです。べんりです。
	편리하다	슈퍼가 가깝습니다. 편리합니다.

Chapter 9

881	ふべんな	この アパートは えきから とおいです。ふべんです。
	불편하다	이 아파트는 역에서 멉니다. 불편합니다.
882	こうつう	ここは こうつうが ふべんです。
	교통	여기는 교통이 불편합니다.
883	にわ	にわに 犬が います。
	정원 / 마당	마당에 개가 있습니다.
884	木（き）	にわに 木が あります。
	나무	정원에 나무가 있습니다.
885	みどり	かまくらは みどりが 多いです。
	녹음	가마쿠라는 녹음이 많습니다.
886	わかい	この 町は わかい 人が 多いです。
	젊다	이 도시는 젊은 사람이 많습니다.
887	年を とる	80さいです。年を とりました。
	나이가 들다	80살입니다. 나이가 들었습니다.
888	しやくしょ	しやくしょは えきの ちかくです。
	시청	시청은 역 근처입니다.

Section 3

889
ひろい
넓다

890
せまい
좁다

891
新しい
あたら

새롭다 / 새 것이다

892
古い
ふる

낡았다 / 오래됐다

Section 4

선생님 집

先生のいえ

어서오세요.

893 いらっしゃい。

894 どうぞ おあがり ください。

자, 들어오세요.

895 しつれいします。 실례하겠습니다.

이제 돌아가보겠습니다.

896 そろそろ しつれいします。

897 また いらっしゃって ください。

또 오십시오.

Section 4

898	おっと	あねの <u>おっと</u>は かいしゃいんです。
	남편	누나 / 언니의 남편은 회사원입니다.
899	つま	あにの <u>つま</u>は にほんじんです。
	부인 / 아내	형 / 오빠의 부인은 일본인입니다.
900	ごしゅじん	たなかさんの <u>ごしゅじん</u>は しゃちょうです。
	남편	다나카씨의 남편은 사장님입니다.
901	おくさん	山田さんの <u>おくさん</u>は りょうりが じょうずです。
	부인	야마다씨의 부인은 요리를 잘합니다.
902	しょうかい〈する〉	先生に 友だちを <u>しょうかいし</u>ます。
	소개 〈하다〉	선생님께 친구를 소개합니다.
903	こちらは~さんです	A「<u>こちらは</u> アリ<u>さんです</u>。」
	이쪽은 ~ 씨입니다	A " 이쪽은 아리씨입니다."
904	これから おせわに なります	B「はじめまして、アリです。 <u>これから おせわに なります</u>。」
	앞으로 신세지겠습니다	B " 처음뵙겠습니다. 아리입니다. 앞으로 신세지겠습니다."
905	いらっしゃいます	A「ごりょうしんは どちらに <u>いらっしゃいます</u>か。」 B「トルコに います。」
	계시다	A " 부모님은 어디에 계십니까?" B " 터키에 있습니다."

Chapter 9

906	どくしん	あには どくしんです。
	독신 / 싱글	형 / 오빠는 싱글입니다.
907	けっこん〈する〉	らいげつ、けっこんします。
	결혼〈하다〉	다음 달에 결혼합니다.
908	ぼく	A「何を 飲む?」 B「ぼくは ジュース。」
	나 (남성)	A " 뭐 마실래?" B " 나는 주스 "

👉 남자 아이들이 자신을 지칭할 때 "わたし" 대신 "ぼく"를 사용한다.

909	ありがとう ございました	きょうは ありがとうございました。
	감사했습니다	오늘은 감사했습니다.
910	いろいろ[と]	いろいろ ありがとうございました。
	여러가지	여러 가지로 감사했습니다.
911	おせわに なりました	A「おせわに なりました。」 B「いいえ、こちらこそ。」
	신세 많이 졌습니다	A " 신세 많이 졌습니다." B " 아니오, 저야 말로 "
912	気を つけて	(お)気を つけて。
	조심하다	조심해.
913	あぶない	A「あぶないです。気を つけて ください。」 B「はい。」
	위험하다	A " 위험합니다. 조심하십시오." B " 네."

Section 4

914 **しゅうまつ** | <u>しゅうまつ</u>、デートを します。
주말 | 주말에 데이트 합니다.

915 **はじめ** | きょねんの <u>はじめ</u>に 日本へ 来ました。
초순 | 작년 초에 일본에 왔습니다.

916 **おわり** | こんげつの <u>おわり</u>に くにへ 帰ります。
말 | 이번 달 말에 고국에 돌아갑니다.

Chapter 9

917 □ おととい — 그저께
918 □ あさって — 모레
きのう — 어제
きょう — 오늘
あした — 내일

919 □ せんしゅう — 지난 주
920 □ こんしゅう — 이번 주
921 □ らいしゅう — 다음 주

922 □ せんげつ — 지난 달
923 □ こんげつ — 이번 달
924 □ らいげつ — 다음 달

Section 5

전기

電気（でんき）

925	電気(でんき)	電気を つけて ください。
	전기	전기를 켜 주십시오.
926	つける	エアコンを つけます。
	켜다	에어컨을 켭니다.
927	けす	電気を けします。
	끄다	전기를 끕니다.
928	明るい(あか)	電気を つけると、明るく なります。
	밝다	전기를 켜면 밝아집니다.
929	暗い(くら)	へやが 暗いです。
	어둡다	방이 어둡습니다.
930	エアコン	へやに エアコンが あります。
	에어컨	방에 에어컨이 있습니다.
931	ビデオ	しゅうまつ、ビデオを 見ます。
	비디오	주말에 비디오를 봅니다.
932	スイッチ	スイッチは ドアの 右です。
	스위치	스위치는 문 오른쪽입니다.
933	まわす	これを 左に まわすと、おゆが 出ます。
	돌리다	이것을 왼쪽으로 돌리면 온수가 나옵니다.

Chapter 9

934	ひく	これを ひくと、水が 出ます。
	당기다	이것을 당기면 물이 나옵니다.
935	うごく	スイッチを おすと、うごきます。
	움직이다 / 작동하다	스위치를 누르면 작동합니다.
936	音	ラジオの 音が 小さいです。
	소리 / 음	라디오 소리가 작습니다.
937	もし [～たら]	もし こしょうしたら、しゅうりします。
	만약 [~ 라면]	만약 고장난다면 수리합니다.
938	こしょう〈する〉	エアコンが こしょうしました。
	고장 < 나다 >	에어컨이 고장났습니다.
939	しゅうり〈する〉	エアコンを しゅうりして ください。
	수리 < 하다 >	에어컨을 수리해 주십시오.
940	よぶ	電気やを よびます。
	부르다	전기 수리공을 부릅니다.
941	なおす	① おとうとの パソコンを なおします。 ② おとうとの レポートを なおします。
	고치다	①남동생의 컴퓨터를 고칩니다. ②남동생의 리포트를 고칩니다.

👍 ① 수리하다 ② 바로잡다

942	せいひん	電気せいひんを あきはばらで 買いました。
	제품	전기제품을 아키하바라에서 샀습니다.

N5
Chapter
10
건강 등

けんこう etc.

단어 No.

1 병 びょうき	943 ~ 964
2 건강하십니까? お元気ですか。	965 ~ 985
3 중요한 것・일 たいせつな もの・こと	986 ~ 1001
4 장래 しょうらい	1002 ~ 1017
5 이것도 외우자! これも おぼえよう!	1018 ~ 1046

Section 1

병
びょうき

943	びょうき	<u>びょうき</u>に なりました。
	질병 / 병	병이 났습니다.
944	びょういん	<u>びょういん</u>へ 行きます。
	병원	병원에 갑니다.
945	どう しましたか	いしゃ「<u>どうしましたか</u>。」
	무슨 일이에요?	의사 " 무슨 일로 오셨습니까?"
946	ねつ	A「きのうから <u>ねつ</u>が あります。」
	열	A " 어제부터 열이 납니다."
947	かぜ	いしゃ「<u>かぜ</u>ですね。」
	감기	의사 " 감기네요."
948	インフルエンザ	いしゃ「<u>インフルエンザ</u>です。おふろに 入らないで ください。」
	인플루엔자 / 독감	의사 " 독감이네요. 목욕을 하지 마십시오."
949	くすり	一日に 3かい <u>くすり</u>を 飲んで ください。
	약	하루 세 번 약을 복용해 주십시오.

👉 약은 "飲みます"를 사용한다.

958	おだいじに	かんごし「<u>おだいじに</u>。」
	몸 조심하세요	간호사 " 몸 조심하세요."
959	2、3日	<u>2、3日</u> かいしゃを 休みます。
	2, 3 일	2, 3 일 회사를 쉽니다.

Chapter 10

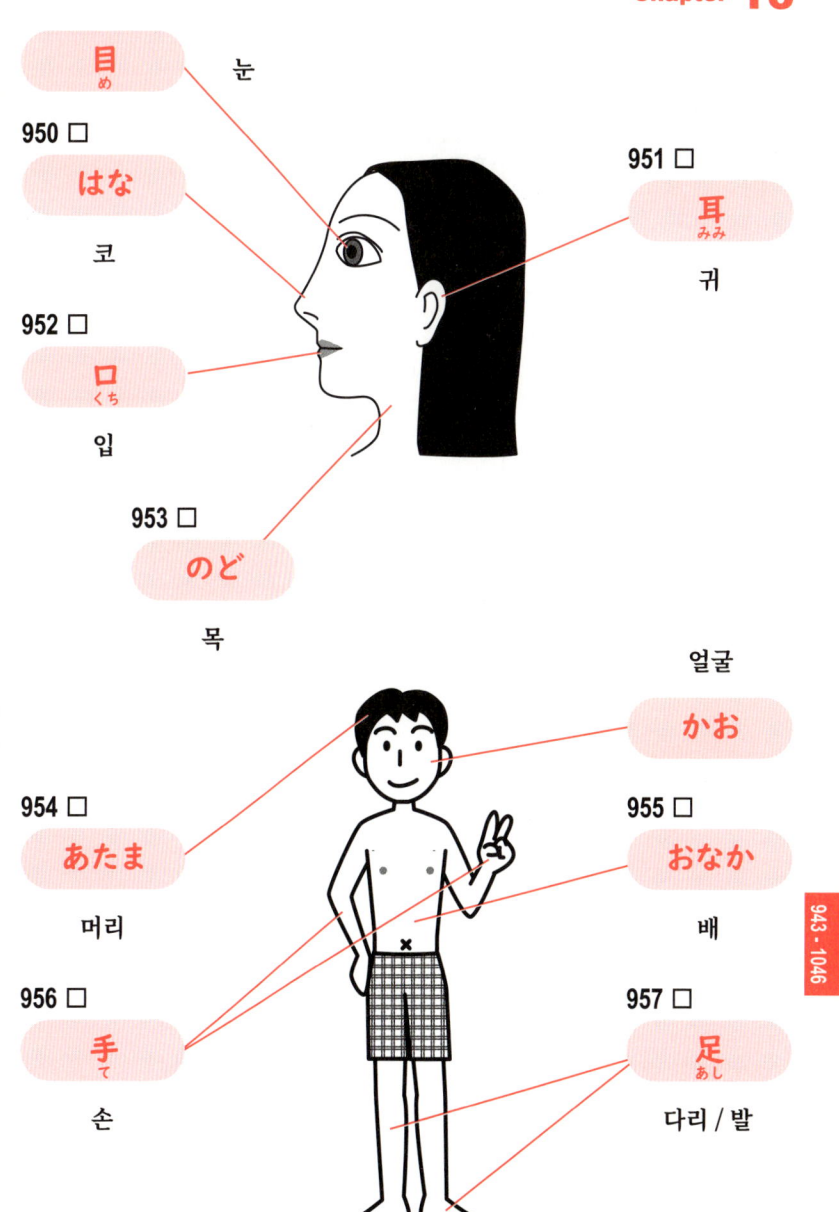

目 め	눈
950 □ はな	코
951 □ 耳 みみ	귀
952 □ 口 くち	입
953 □ のど	목
	얼굴 かお
954 □ あたま	머리
955 □ おなか	배
956 □ 手 て	손
957 □ 足 あし	다리 / 발

Section 1

960	~が いたい	はが いたいです。
	~가 아프다	이가 아픕니다.
961	はいしゃ [さん]	きのう、はいしゃへ 行きました。
	치과 (의사)	어제 치과에 갔습니다.
962	一人で (ひとり)	一人で びょういんへ 行きます。
	혼자서	혼자서 병원에 갑니다.
963	けんこう	けんこうに 気を つけて います。
	건강	건강에 주의하고 있습니다.
964	[けんこう] ほけんしょう	びょういんに けんこうほけんしょうを もっていきます。
	[건강] 보험증	병원에 건강보험증을 가지고 갑니다.

Section 2

건강하십니까?

お元気ですか。

965	**体** からだ	いもうとは **体**が よわいです。
	몸	여동생은 몸이 약합니다.
966	**体に いい** からだ	ジョギングは **体に いい**です。
	몸에 좋다	조깅은 몸에 좋습니다.
967	**ちょうし**	体の **ちょうし**が よくないです。
	컨디션 / 상태	몸 컨디션이 좋지 않습니다.
968	**つかれる**	A「**つかれ**ましたね。少し 休みましょう。」 B「はい。」
	지치다	A "지치네요. 조금 쉬시지요." B "네."
969	**ねむい**	A「けさ、5時に おきました。**ねむい**です。」
	졸리다	A "오늘 아침 다섯시에 일어났습니다. 졸립니다."
970	**はやく**	B「**はやく** ねた ほうが いいですよ。」
	일찍	B "일찍 자는 것이 좋아요."
971	**たいへんな**	A「まいにち、ざんぎょうします。」 B「**たいへん**ですね。」
	큰일이다	A "매일 야근합니다." B "힘들겠네요."
972	**さいきん**	**さいきん**、しごとが いそがしいです。
	최근 / 요즘	요즘 일이 바쁩니다.

Section 2

973	しんぱい〈する〉	母が しんぱいして います。
	걱정 < 하다 >	어머니가 걱정하고 있습니다.
974	たばこ	じどうはんばいきで たばこを 買います。
	담배	자판기에서 담배를 삽니다.
975	すう	ここで たばこを すわないで ください。
	피다	여기서 담배를 피우지 마십시오.
976	きんえん	えきは きんえんです。
	금연	역은 금연입니다.
977	だいじょうぶな	A「一人で だいじょうぶですか。」 B「はい。」
	괜찮다	A " 혼자서 괜찮습니까 ?" B " 네 "
978	むりな	むりな ダイエットは よくないです。
	무리한	무리한 다이어트는 좋지 않습니다.
979	ダイエット	ダイエットを して います。
	다이어트	다이어트를 하고 있습니다.
980	おもいだす	ときどき、かぞくを おもいだします。
	생각나다	가끔 가족을 생각합니다.
981	さびしい	友だちが くにへ 帰りました。さびしいです。
	외롭다 / 허전하다	친구가 고국에 돌아갔습니다. 허전합니다.

Chapter 10

982 [お]ひさしぶりです[ね]

오랜만입니다

983 あっ

아!

984 [お]元気ですか

건강하십니까?

985 おかげさまで

덕분에요

👉 "**お元気ですか**"는 오랜만에 만난 사람에게 사용한다.

すずき：ホアンさん、ひさしぶりですね。
ホアン：あっ、すずき先生。
　　　　おひさしぶりです。
すずき：お元気ですか。
ホアン：はい。おかげさまで。
すずき：からだの ちょうしは どうですか。
ホアン：おかげさまで よく なりました。

스즈키 : 호안씨 오랜만이네요.
호안 : 아! 스즈키 선생님. 오랜만입니다.
스즈키 : 건강합니까?
호안 : 네. 덕분에요.
스즈키 : 몸 상태는 어때요?
호안 : 덕분에 좋아졌습니다.

Section 3

중요한 것·일

たいせつな もの・こと

986	パスポート	いつも パスポートを もって います。
	여권	항상 여권을 가지고 있습니다.
987	ビザ	たいしかんで ビザを もらいます。
	비자	대사관에서 비자를 받습니다.
988	たいしかん	たいしかんは とうきょうに あります。
	대사관	대사관은 도쿄에 있습니다.
989	たいせつな	あんしょうばんごうは たいせつです。
	중요한 / 소중한	비밀번호는 중요합니다.
990	なくす	うちの かぎを なくしました。
	잃다	집 열쇠를 잃어버렸습니다.
991	かす	お金を かして ください。
	빌려주다	돈을 빌려주십시오.
992	かりる	・友だちに お金を かります。 ・としょかんで 本を かります。
	빌리다	친구에게 돈을 빌립니다. 도서관에서 책을 빌립니다.
993	かえす	としょかんに 本を かえします。
	돌려주다	도서관에 책을 돌려줍니다.
994	むだな	むだな 買い物は しません。
	쓸데없는	쓸데없는 쇼핑은 하지 않습니다.

Chapter 10

995	いる	りゅうがくする とき、ビザが いります。
	필요하다	유학할 때 비자가 필요합니다.
996	えっ	A「この カメラは 500,000円です。」 B「えっ?」
	정말?	A " 이 카메라는 500,000 엔입니다." B " 정말?"
997	ほんとう	B「ほんとうですか。」
	사실 / 정말	B " 정말입니까?"
998	うそ	うそじゃありません。ほんとうです。
	거짓 (말)	거짓말이 아닙니다. 사실입니다.
999	こと	インターネットで 日本の ことを しらべました。
	~ 에 대해	인터넷으로 일본에 대해 조사했습니다.
1000	おいのり	まいにち、おいのりを します。
	기도	매일 기도를 합니다.
1001	さわる	この えに さわらないで ください。
	만지다	이 그림을 만지지 마십시오.

Section 4

장래
しょうらい

1002	しょうらい	しょうらい、けんきゅうしゃに なりたいです。
	장래 / 미래	장래에 연구자가 되고 싶습니다.
1003	ゆめ	大きい ゆめが あります。
	꿈	큰 꿈이 있습니다.
1004	りゅうがく〈する〉	アメリカへ りゅうがくします。
	유학 < 하다 / 가다 >	미국으로 유학 갑니다.
1005	けんきゅう〈する〉	10年ぐらい、けいざいを けんきゅうして います。
	연구 < 하다 >	10년 정도 경제를 연구하고 있습니다.
1006	けんきゅうしゃ	父は けいざいの けんきゅうしゃです。
	연구자	아버지는 경제 연구자입니다.
1007	大学いん	あには 大学いんの 学生です。
	대학원	형 / 오빠는 대학원생입니다.
1008	せんもん	山田さんの せんもんは けいざいです。
	전문 / 전공	야마다씨의 전공은 경제입니다.
1009	けいざい	大学で けいざいを べんきょうして います。
	경제	대학에서 경제를 공부하고 있습니다.
1010	びじゅつ	せんもんは びじゅつです。
	미술	전공 / 전문은 미술입니다.

Chapter 10

1011	ちきゅう	<u>ちきゅう</u>の ことを けんきゅうして います。
	지구	지구에 대해 연구하고 있습니다.
1012	～に ついて	日本の けいざい<u>に ついて</u> しらべて います。 にほん
	~에 대해	일본의 경제에 대해 조사하고 있습니다.
1013	やめる	らいねん、かいしゃを <u>やめ</u>ます。
	그만두다	내년에 회사를 그만둡니다.
1014	かんがえる	しょうらいの ことを <u>かんがえて</u> います。
	생각하다	장래에 대해 생각하고 있습니다.
1015	もう	A「<u>もう</u> しょうらいの ことを かんがえましたか。」
	이미 / 벌써	A " 벌써 장래에 대해 생각했습니까?"
1016	まだ	B「いいえ、<u>まだ</u>です。」
	아직	B " 아니오. 아직입니다."
1017	これから	B「<u>これから</u> かんがえます。」
	지금부터	B " 지금부터 생각하겠습니다."

Section 5

이것도 외우자!

これも おぼえよう！

1018	**そして**	この ロボットは ことばが わかります。 そして、ダンスも できます。
	그리고	이 로봇은 말을 압니다. 그리고 춤도 출 수 있습니다.
1019	**まえ**	パーティーの まえに 買い物を します。
	앞/전	파티 전에 쇼핑을 합니다.
1020	**あと**	買い物の あと、りょうりを します。
	뒤/후	쇼핑 후에 요리를 합니다.
1021	**もうすぐ**	A「もうすぐ パーティーが はじまりますよ。」
	이제 곧	A "이제 곧 파티가 시작돼요."
1022	**すぐ**	B「わかりました。すぐ 行きます。」
	금방/바로	B "알겠습니다. 바로 가겠습니다."
1023	**あとで**	C「いま、レポートを 書いて います。あとで 行きます。」
	다음에/나중에	C "지금 리포트를 쓰고 있습니다. 나중에 가겠습니다."
1024	**また**	また あとで 電話を かけます。
	다시	다시 조금 후에 전화 걸겠습니다.
1025	**までに**	レポートは あしたまでに 書きます。
	까지	리포트는 내일까지 쓰겠습니다.

Chapter 10

1026	ですから	ですから、きょうは どこにも 行きません。
	그래서 / 그렇기 때문에	그렇기 때문에 오늘은 어디에도 가지 않습니다.
1027	そんなに	A「まいにち いそがしいですか。」 B「そんなに いそがしくないです。」
	그렇게 / 그다지	A " 매일 바쁩니까 ?" B " 그렇게 바쁘지 않습니다 ."
1028	だんだん	だんだん むずかしく なります。
	점점	점점 어려워집니다.
1033	とくに	とくに かんじが むずかしいです。
	특히	특히 한자가 어렵습니다.
1034	なかなか	むずかしいです。なかなか こたえが わかりません。
	꽤 / 좀처럼	어렵습니다. 좀처럼 답을 모르겠습니다.

👉 "なかなか〜ません"의 형태로 사용한다.

1029	みなさん
	여러분
1030	ロボット
	로봇
1031	へえ
	우와
1032	すごい
	대단하다

A「みなさん、きょうは ロボットに ついて 話します。この ロボットは いろいろな ことが できます。」
B「へえ、それは すごいですね。」

A " 여러분 오늘은 로봇에 대해 이야기합니다 . 이 로봇은 여러 가지를 할 수 있습니다 ."
B " 우와 ! 그것은 대단하네요 ."

Section 5

1035	～が	・かんがえましたが、わかりませんでした。 ・けんきゅうは むずかしいですが、おもしろいです。
	하지만 / ~데	생각해보았는데 모르겠습니다. 연구는 어렵지만 재미있습니다.
1036	～けど	・かんがえたけど、わからなかった。 ・けんきゅうは むずかしいけど、おもしろい。
	하지만	생각했지만 알 수 없었다. 연구는 어렵지만 재미있다.
1037	そうですね	A「しごとは どうですか。」 B「そうですね。いそがしいですが、おもしろいです。」
	글쎄요 / 그렇네요	A "일은 어떻습니까?" B "글쎄요. 바쁘지만 재미있습니다."
1038	しつれいですが	A「しつれいですが、おなまえは？」 B「山田です。」
	죄송합니다만	A "죄송합니다만 성함이?" B "야마다입니다."
1039	きく	ホアンさんに じゅうしょを ききます。
	묻다	호안씨에게 주소를 묻습니다.

Chapter 10

1040	**あのー**	
	저기	
1041	**えーっと**	
	음	
1042	**でも**	
	하지만 / 그렇지만	
1043	**どうして**	
	왜 / 어째서	
1044	**〜から**	
	〜이기 때문에 /〜니까	
1045	**そうですか**	
	그렇습니까	
1046	**わかりました**	
	알겠습니다	

A「<u>あのー</u>、ゆうびんきょくは どこですか。」
B「<u>えーっと</u>、あそこですよ。 <u>でも</u>、きょうは 休(やす)みですよ。」
A「<u>どうして</u>ですか。」
B「土(ど)よう日(び)ですから。」
A「<u>そうですか</u>。<u>わかりました</u>。 ありがとうございます。」

A " 저기, 우체국은 어디입니까?"
B " 음 저쪽이예요. 하지만 오늘은 쉬는 날이에요."
A " 왜 그런가요?"
B " 토요일이기 때문이에요."
A " 그렇습니까. 알겠습니다. 감사합니다."

50음 단어 색인

가나읽기	단어	단어 No.
あ		
あいすくりーむ	アイスクリーム	476
あいだ	間	799
あう	あう	814
あおい	あおい	313
あかい	あかい	312
あかるい	明るい	928
あき	あき	617
あきはばら	あきはばら	373
あける	あける	840
あげる	あげる	714
あさ	あさ	394
あさくさ	あさくさ	371
あさごはん	あさごはん	421
あさって	あさって	918
あし	足	957
あした	あした	143
あそこ	あそこ	807
あそぶ	あそぶ	344
あたたかい	あたたかい	598
あたま	あたま	954
あたまが いい	あたまが いい	294
あたらしい	新しい	891
あっ	あっ	983
あつい	あつい	595
あつめる	あつめる	705
あと	あと	1020
あとで	あとで	1023
あなた	あなた	5
あに	あに	34
あにめ	アニメ	562
あね	あね	33
あの	あの	241
あの かた	あの かた	723
あのー	あのー	1040
あぱーと	アパート	864
あびる	あびる	416
あぶない	あぶない	913
あまい	あまい	505
あまり	あまり	524
あめ	雨	592
あめりか	アメリカ	90
あらう	あらう	412
ありがとう。	ありがとう。	21
ありがとう ございました	ありがとう ございました	909
ありがとう ございます。	ありがとう ございます。	23
ある	ある	69
あるく	あるく	776
あるばいと	アルバイト	151
あれ	あれ	237
[あんしょう]ばんごう	[あんしょう]ばんごう	688
あんない〈する〉	あんない〈する〉	345
い		
いい	いい	589
いい[お]てんき ですね	いい[お]てんき ですね	591
いいえ	いいえ	11
いう	言う	159
いえ	いえ	836
いかがですか	いかがですか	513
いぎりす	イギリス	95
いく	行く	115
いくつ	いくつ	657
[お]いくつ	[お]いくつ	730
いくつめ	いくつ目	792
いくら	いくら	639
いけばな	いけばな	532
いしゃ	いしゃ	225
いす	いす	850
いそがしい	いそがしい	204
いそぐ	いそぐ	764
いただきます。	いただきます。	517

いたりあ	イタリア	99
いち	いち	119
いちど	いちど	626
いちども	いちども	628
いちばん	いちばん	613
いつ	いつ	608
いっしょに	いっしょに	545
いってきます。	いってきます。	832
いってらっしゃい。	いってらっしゃい。	833
いっぱいな	いっぱいな	512
いつも	いつも	770
いなか	いなか	877
いぬ	いぬ	38
いま	いま	278
いみ	いみ	181
いもうと	いもうと	36
いもうとさん	いもうとさん	50
いらっしゃい。	いらっしゃい。	893
いらっしゃいます	いらっしゃいます	905
いらっしゃいませ。	いらっしゃいませ。	499
いる	いる	40
いる	いる	995
いれる	入れる	447
いろいろ[と]	いろいろ[と]	910
いろいろな	いろいろな	317
いんたーねっと	インターネット	262
いんど	インド	76
いんどねしあ	インドネシア	77
いんふるえんざ	インフルエンザ	948

う

うえ	上	801
うえの	うえの	370
うけつけ	うけつけ	209
うごく	うごく	935
うしろ	うしろ	804
うそ	うそ	998
うた	うた	547
うたう	うたう	548
うち	うち	41
うどん	うどん	467
うま	うま	353
うまれる	生まれる	726
うみ	うみ	570
うりば	うりば	665
うる	うる	664
うわぎ	うわぎ	322
うんてん〈する〉	うんてん〈する〉	750
うんてんしゅ	うんてんしゅ	230
うんてんしゅさん	うんてんしゅさん	230

え

え	え	540
えあこん	エアコン	930
えあめーる	エアメール	708
えいが	えいが	557
えいがかん	えいがかん	558
ええ	ええ	10
えーっと	えーっと	1041
えーてぃーえむ	ATM	683
えき	えき	734
えきいん	えきいん	229
えきいんさん	えきいんさん	229
えじぷと	エジプト	101
えすかれーたー	エスカレーター	868
えっ	えっ	996
えれべーたー	エレベーター	869
えん	円	640
えんぴつ	えんぴつ	253

お

おいしい	おいしい	507
おいしゃさん	おいしゃさん	225
おいのり	おいのり	1000
おおい	多い	599
おおきい	大きい	301
おおさか	おおさか	388
おーすとらりあ	オーストラリア	88
おかえりなさい。	おかえりなさい。	835
おかげさまで	おかげさまで	985
おきなわ	おきなわ	393
おきる	おきる	401
おく	おく	646
おく	おく	857
おくさん	おくさん	901
おくる	おくる	703
おくる	おくる	751
おさがしですか。	おさがしですか。	676
おじいさん	おじいさん	42

おしえる	おしえる	218
おす	おす	689
おせわに なりました	おせわに なりました	911
おそい	おそい	409
おだいじに	おだいじに	958
おちゃ	お茶	454
おっと	おっと	898
おつり	おつり	652
おてあらい	おてあらい	846
おでかけですか	お出かけですか	823
おと	音	936
おとうと	おとうと	35
おとうとさん	おとうとさん	49
おとこの ひと	おとこの ひと	64
おとこのこ	おとこの こ	66
おととい	おととい	917
おとな	おとな	62
おなか	おなか	955
おなかが すく	おなかが すく	510
おにいさん	おにいさん	48
おにぎり	おにぎり	463
おねえさん	おねえさん	47
おねがいします	おねがいします	161
おばあさん	おばあさん	43
おはよう。	おはよう。	14
おはようございます。	おはようございます。	15
おひきだしですか。	おひきだしですか。	681
おぼえる	おぼえる	190
おまわりさん	おまわりさん	228
おみやげ	おみやげ	363
おめでとう[ございます]	おめでとう[ございます]	727
おもい	おもい	712
おもいだす	おもいだす	980
おもう	おもう	601
おもしろい	おもしろい	565
おやすみなさい。	おやすみなさい。	20
およぐ	およぐ	569
おりる	おりる	737
おろす	おろす	684
おわり	おわり	916
おわる	おわる	560
おんがく	おんがく	543
おんなの ひと	おんなの ひと	65
おんなのこ	おんなのこ	67
お父さん	お父さん	45
お母さん	お母さん	46
か		
～が	～が	1035
～が いい	～が いい	446
～が いたい	～が いたい	960
～かい	～かい	149
～かい／がい	～かい／がい	871
かいぎ	かいぎ	210
かいぎしつ	かいぎしつ	211
がいこく	がいこく	707
かいごし	かいごし	227
かいごしさん	かいごしさん	227
かいしゃ	かいしゃ	197
かいしゃいん	かいしゃいん	223
かいだん	かいだん	867
かいもの〈する〉	買い物〈する〉	635
かう	買う	178
かえす	かえす	993
かえる	帰る	117
かえる	かえる	695
かえる	かえる	822
かお	かお	411
かがみ	かがみ	410
かかる	かかる	766
かぎ	かぎ	842
かく	書く	174
かく	かく	541
かくえき	かくえき	741
がくせい	学生	104
かくにん〈する〉	かくにん〈する〉	692
～かげつ	～か月	147
(でんわを)かける	(電話を)かける	213
(めがねを)かける	(めがねを)かける	334
かさ	かさ	604
[お]かし	[お]かし	439
かしこまりました。	かしこまりました。	678
かす	かす	991
かぜ	かぜ	947
かぞく	かぞく	29
～かた	～かた	680

かたかな	かたかな	169
かたろぐ	カタログ	670
かちょう	かちょう	233
かつ	かつ	577
〜がつ	〜月	131
かっこいい	かっこいい	293
がっこう	学校	106
かっぷ	カップ	458
かど	かど	782
かなざわ	かなざわ	384
かなだ	カナダ	91
[お]かね	[お]金	650
かのじょ	かのじょ	7
かばん	かばん	342
かぶる	かぶる	332
かまくら	かまくら	378
かみ	かみ	249
かみ	かみ	303
かめら	カメラ	539
かようび	火よう日	136
〜から	〜から	282
〜から	〜から	1044
〜から きました	〜から きました	71
からい	からい	506
からおけ	カラオケ	544
からだ	体	965
からだに いい	体に いい	966
かりる	かりる	992
かるい	かるい	713
かれ	かれ	6
かれーらいす	カレーライス	472
かわ	川	572
かわいい	かわいい	292
かんがえる	かんがえる	1014
かんこく	かんこく	78
かんごし	かんごし	226
かんごしさん	かんごしさん	226
かんじ	かんじ	170
かんたんな	かんたんな	534
かんぱい	かんぱい	516
がんばる	がんばる	182

き		
き	木	884
きいろい	きいろい	316
きく	聞く	175
きく	きく	1039
きせつ	きせつ	612
きた	北	791
ぎたー	ギター	555
きっさてん	きっさてん	491
きって	きって	704
きっと	きっと	603
きっぷ	きっぷ	738
きのう	きのう	144
きもの	きもの	324
きゃっしゅかーど	キャッシュカード	686
きゅう	きゅう	127
きゅうこう	きゅうこう	742
ぎゅうどん	ぎゅうどん	473
ぎゅうにく	牛肉	427
ぎゅうにゅう	ぎゅうにゅう	450
きゅうにん	きゅうにん	59
きょう	きょう	142
きょうしつ	きょうしつ	113
きょうだい	きょうだい	37
きょうと	きょうと	386
きょねん	きょねん	609
きらいな	きらいな	523
きる	きる	264
きる	きる	310
きれいな	きれいな	290
きを つけて	気を つけて	912
きんえん	きんえん	976
きんがく	きんがく	691
ぎんこう	ぎんこう	198
ぎんこういん	ぎんこういん	224
ぎんざ	ぎんざ	375
きんようび	金よう日	139

く		
く	く	127
くうこう	くうこう	761
くすり	くすり	949
くだもの	くだもの	433
くち	口	952
くつ	くつ	330
くつした	くつした	331

くに	くに	68
くにん	くにん	59
くらい	暗い	929
～ぐらい	～ぐらい	279
くらしっく	クラシック	550
くらす	クラス	114
くりすます	クリスマス	724
くる	来る	116
くるま	車	749
くれる	くれる	716
くろい	くろい	315

け

けいざい	けいざい	1009
けいさつかん	けいさつかん	228
けーき	ケーキ	475
けーたい	ケータイ	245
げーむ	ゲーム	563
けさ	けさ	399
けしごむ	けしごむ	254
けす	けす	927
けっこうです	けっこうです	515
けっこん〈する〉	けっこん〈する〉	907
げつようび	月よう日	135
～けど	～けど	1036
けにあ	ケニア	102
けん	けん	367
けんがく〈する〉	けんがく〈する〉	196
[お]げんきですか	[お]元気ですか	984
げんきな	元気な	289
けんきゅう〈する〉	けんきゅう〈する〉	1005
けんきゅうしゃ	けんきゅうしゃ	1006
げんきん	げんきん	682
けんこう	けんこう	963
[けんこう]ほけんしょう	[けんこう]ほけんしょう	964

こ

～こ	～こ	267
ご	ご	123
～ご	～ご	156
こうえん	こうえん	629
こうくうびん	こうくうびん	709
こうこう	高校	111
こうさてん	こうさてん	783
こうじょう	こうじょう	208
こうちゃ	こうちゃ	453
こうつう	こうつう	882
こうべ	こうべ	389
こーと	コート	320
こーなー	コーナー	666
こーひー	コーヒー	452
ここ	ここ	808
ごご	ごご	277
ごしゅじん	ごしゅじん	900
こしょう〈する〉	こしょう〈する〉	938
ごぜん	ごぜん	276
こたえ	こたえ	194
ごちそうさまでした。	ごちそうさまでした。	518
ごちゅうもんは？	ごちゅうもんは？	500
こちらこそ。	こちらこそ。	28
こちらは～さんです	こちらは～さんです	903
こっぷ	コップ	459
こと	こと	999
ことし	ことし	610
ことば	ことば	153
こども	こども	63
ごにん	ごにん	55
この	この	239
ごはん	ごはん	461
こぴー〈する〉	コピー〈する〉	668
こまかい[お]かね	こまかい[お]金	653
ごみ	ごみ	855
ごりょうしん	ごりょうしん	44
ごるふ	ゴルフ	587
これ	これ	235
これから	これから	1017
これから おせわに なります	これから おせわに なります	904
これで おねがい します。	これで おねがい します。	501
～ごろ	～ごろ	275
こんげつ	こんげつ	923
こんさーと	コンサート	549
こんしゅう	こんしゅう	920
こんにちは。	こんにちは。	16
こんばん	こんばん	400
こんばんは。	こんばんは。	17

こんびに	コンビニ	663
こんぴゅーたー	コンピューター	260

さ

さあ……	さあ……	579
さーびす	サービス	364
～さい	～さい	731
さいきん	さいきん	972
さいず	サイズ	307
さいふ	さいふ	343
さかな	魚	430
さくら	さくら	622
[お]さけ	[お]さけ	455
さしみ	さしみ	471
さっかー	サッカー	582
ざっし	ざっし	671
さっぽろ	さっぽろ	380
さとう	さとう	478
さどう	さどう	533
さびしい	さびしい	981
さむい	さむい	597
さようなら。	さようなら。	18
さら	さら	497
さわる	さわる	1001
～さん	～さん	3
さん	さん	121
ざんぎょう〈する〉	ざんぎょう〈する〉	205
さんぐらす	サングラス	336
さんどいっち	サンドイッチ	462
さんにん	さんにん	53
ざんねんですが	ざんねんですが	829
さんぽ〈する〉	さんぽ〈する〉	630

し

し	し	122
じ	字	154
～じ	～時	272
しあい	しあい	576
しーでぃー	CD	176
じーんず	ジーンズ	327
しお	しお	479
～じかん	～時間	280
じかん	時間	763
じこくひょう	じこくひょう	762
しごと	しごと	222
じしょ	じしょ	179
しずかな	しずかな	878
した	下	802
したぎ	したぎ	323
しち	しち	125
しちにん	しちにん	57
しつもん〈する〉	しつもん〈する〉	195
しつれいします。	しつれいします。	895
しつれいですが	しつれいですが	1038
じてんしゃ	じてんしゃ	754
じどうしゃ	じどうしゃ	748
じどうはんばいき	じどうはんばいき	449
しぶや	しぶや	374
じぶんで	じぶんで	509
じむしょ	じむしょ	207
しめる	しめる	841
じゃ	じゃ	649
じゃ、また。	じゃ、また。	19
しゃーぷぺんしる	シャープペンシル	252
しゃいん	しゃいん	234
しやくしょ	しやくしょ	888
しゃしん	しゃしん	537
じゃず	ジャズ	551
しゃちょう	しゃちょう	231
しゃつ	シャツ	318
しゃわー	シャワー	415
じゅう	じゅう	128
じゅういち	じゅういち	129
～しゅうかん	～しゅうかん	146
じゅうしょ	じゅうしょ	859
じゅーす	ジュース	451
じゅうどう	じゅうどう	585
じゅうに	じゅうに	130
じゅうにん	じゅうにん	60
しゅうまつ	しゅうまつ	914
しゅうり〈する〉	しゅうり〈する〉	939
しゅくだい	しゅくだい	183
しゅっちょう〈する〉	しゅっちょう〈する〉	206
しゅみ	しゅみ	519
じゅんび〈する〉	じゅんび〈する〉	358
しょうかい〈する〉	しょうかい〈する〉	902
しょうがっこう	小学校	109

しょうしょう おまちください。	しょうしょう おまちください。	679
じょうずな	じょうずな	528
しょうゆ	しょうゆ	480
しょうらい	しょうらい	1002
じょぎんぐ	ジョギング	566
しょくじ〈する〉	しょくじ〈する〉	485
しょくどう	しょくどう	489
しらべる	しらべる	177
しりょう	しりょう	263
しる	しる	216
しろい	しろい	314
～じん	～じん	72
しんかんせん	しんかんせん	744
しんごう	しんごう	784
じんじゃ	じんじゃ	356
しんじゅく	しんじゅく	372
しんせつな	しんせつな	287
しんぱい〈する〉	しんぱい〈する〉	973
しんぶん	しんぶん	672

す

すいす	スイス	98
すいっち	スイッチ	932
すいようび	水よう日	137
すう	すう	975
すーつ	スーツ	321
すーぱー	スーパー	425
すかーと	スカート	329
すきー	スキー	567
すきな	好きな	522
すきやき	すきやき	470
すぐ	すぐ	1022
すくない	少ない	600
すごい	すごい	1032
すこし	少し	163
[お]すし	[お]すし	474
すずしい	すずしい	596
ずっと	ずっと	769
すてきな	すてきな	308
すてる	すてる	856
すぴーち	スピーチ	189
すぷーん	スプーン	494
すぺいん	スペイン	100
ずぼん	ズボン	326
すまほ	スマホ	246
すみません	すみません	826
すむ	すむ	858
すもう	すもう	584
する	する	152
(ゆびわを)する	(ゆびわを)する	337
すわる	すわる	851

せ

せ	せ	297
せいかつ	せいかつ	655
せいひん	せいひん	942
せーたー	セーター	319
せかい	せかい	74
せつめい〈する〉	せつめい〈する〉	781
ぜひ	ぜひ	633
せまい	せまい	890
ぜろ	ゼロ	118
せろてーぷ	セロテープ	257
せん	千	644
せんげつ	せんげつ	922
せんしゅう	せんしゅう	919
せんせい	先生	103
ぜんぜん	ぜんぜん	167
せんだい	せんだい	381
せんたく〈する〉	せんたく〈する〉	853
せんたくき	せんたくき	861
ぜんぶ	ぜんぶ	508
ぜんぶで	ぜんぶで	658
せんもん	せんもん	1008

そ

ぞう	ぞう	352
そうじ〈する〉	そうじ〈する〉	854
そうじき	そうじき	862
そうです	そうです	12
そうですか	そうですか	1045
そうですね	そうですね	1037
そこ	そこ	809
そして	そして	1018
そと	外	806
その	その	240
そば	そば	468
そふと	ソフト	564

それ	それ	236
それから	それから	690
そろそろ しつれい します。	そろそろ しつれい します。	896
そんなに	そんなに	1027

た

たい	タイ	79
～だい	～だい	269
だいえっと	ダイエット	979
だいがく	大学	112
だいがくいん	大学いん	1007
たいしかん	たいしかん	988
だいじょうぶな	だいじょうぶな	977
たいせつな	たいせつな	989
だいたい	だいたい	166
たいてい	たいてい	771
だいにんぐきっちん	ダイニングキッチン	844
たいへんな	たいへんな	971
たいわん	たいわん	80
たかい	高い	298
たかい	高い	641
たくさん	たくさん	424
たくしー	タクシー	757
だけ	だけ	774
だす	出す	701
ただいま。	ただいま。	834
たつ	立つ	852
たてもの	たてもの	863
たな	たな	667
たのしい	たのしい	521
たばこ	たばこ	974
たぶん	たぶん	602
たべもの	食べ物	420
たべる	食べる	419
たまご	たまご	431
だめです	だめです	821
たりる	たりる	654
だれ	だれ	721
[お]たんじょうび	[お]たんじょうび	725
だんす	ダンス	568
だんだん	だんだん	1028

ち

ちいさい	小さい	302
ちか	ちか	872
ちかい	ちかい	767
ちがいます	ちがいます	13
ちかく	ちかく	800
ちかてつ	ちかてつ	745
ちきゅう	ちきゅう	1011
ちけっと	チケット	669
ちず	ちず	73
ちち	父	31
ちゃわん	ちゃわん	498
～ちゃん	～ちゃん	4
ちゃんす	チャンス	831
ちゅうがっこう	中学校	110
ちゅうごく	ちゅうごく	81
ちゅうしゃじょう	ちゅうしゃじょう	752
ちょうし	ちょうし	967
ちょこれーと	チョコレート	440
ちょっと	ちょっと	647
ちょっと～まで	ちょっと～まで	824

つ

～つ	～つ	659
つかう	つかう	265
つかれる	つかれる	968
つき	月	620
つぎに	つぎに	687
つぎの	つぎの	739
つく	つく	813
つくえ	つくえ	849
つくる	つくる	220
つける	つける	926
つごうが いい	つごうが いい	819
つごうが わるい	つごうが わるい	820
つま	つま	899
つめたい	つめたい	445
つよい	つよい	580
つり	つり	573
つれていく	つれていく	347
つれてくる	つれてくる	348

て

て	手	956
～で	～で	492
ていしょく	ていしょく	490
でーと 〈する〉	デート 〈する〉	816

てーぶる	テーブル	848
でかける	出かける	811
てがみ	てがみ	698
できる	できる	674
～でございます	～でございます	675
でざいん	デザイン	309
～です	～です	2
ですから	ですから	1026
てちょう	てちょう	250
てつだう	てつだう	219
てにす	テニス	586
では	では	648
でぱーと	デパート	662
でも	でも	1042
～でも～ませんか	～でも～ませんか	827
[お]てら	[お]てら	355
でる	出る	694
でる	出る	812
てれび	テレビ	406
てんき	てんき	588
でんき	電気	925
てんきん〈する〉	てんきん〈する〉	874
でんしじしょ	でんしじしょ	180
でんしゃ	電車	735
でんち	でんち	247
てんぷら	てんぷら	469
でんわ	電話	212
でんわばんごう	電話ばんごう	215

と		
～と	～と	637
どあ	ドア	839
どいつ	ドイツ	97
といれ	トイレ	846
どう	どう	504
どう しましたか	どう しましたか	945
どういたしまして。	どういたしまして。	22
とうきょう	とうきょう	368
どうして	どうして	1043
どうぞ おあがり ください。	どうぞ おあがり ください。	894
どうぞ よろしく。	どうぞ よろしく。	27
どうぞ。	どうぞ。	24
どうぶつ	どうぶつ	349

どうぶつえん	どうぶつえん	350
どうも。	どうも。	25
どうやって	どうやって	775
とおい	とおい	768
ときどき	ときどき	773
どくしん	どくしん	906
とくに	とくに	1033
とけい	とけい	340
どこ	どこ	810
ところ	ところ	876
としょかん	としょかん	186
としをとる	年をとる	887
どちら	どちら	70
どちら	どちら	525
どちらも	どちらも	526
とっきゅう	とっきゅう	743
どっち	どっち	527
とても	とても	631
どなた	どなた	722
となり	となり	798
どの	どの	242
どのくらい／ぐらい	どのくらい／ぐらい	765
とまる	とまる	361
とめる	とめる	753
ともだち	友だち	284
どようび	土よう日	140
とりにく	とり肉	429
とる	とる	477
とる	とる	538
とるこ	トルコ	87
どれ	どれ	238
どんな	どんな	285

な		
ないふ	ナイフ	496
なおす	なおす	941
なか	中	805
ながい	長い	304
ながさき	ながさき	392
なかなか	なかなか	1034
なくす	なくす	990
なごや	なごや	385
なつ	なつ	616
なな	なな	125

ななにん	ななにん	57
なに	何	483
なにか	何か	484
[お]なまえ	[お]なまえ	8
なら	なら	387
ならう	ならう	531
なりた	なりた	369
なる	なる	614
なん	何	243
なんかい	何かい	150
なんかい／がい	何かい／がい	870
なんかいも	何かいも	627
なんがつ	何月	132
なんこ	何こ	266
なんさい	何さい	729
なんじ	何時	270
なんじかん	何時間	281
なんだい	何だい	268
なんにち	何日	732
なんにん	なんにん	61
なんばん	何ばん	217
なんばんせん	何ばんせん	747
なんぷらー	ナンプラー	482
なんぷん	何分	271
なんめーとる	何メートル	796
なんようび	何よう日	141

に

に	に	120
～に ついて	～に ついて	1012
に、さんにち	2、3日	959
にぎやかな	にぎやかな	879
にく	肉	426
にし	西	789
～にち	～日	733
にちようび	日よう日	134
にっき	にっき	184
にっこう	にっこう	382
にほん	にほん	75
にほんご	にほんご	155
にほんごがっこう	にほんご学校	108
にもつ	にもつ	711
にゅーじーらんど	ニュージーランド	89
にゅーす	ニュース	404

にょくまむ	ニョクマム	481
にわ	にわ	883

ぬ

ぬぐ	ぬぐ	311

ね

ねくたい	ネクタイ	338
ねこ	ねこ	39
ねつ	ねつ	946
ねぱーる	ネパール	82
ねむい	ねむい	969
ねる	ねる	402
～ねん	～年	148
ねんがじょう	ねんがじょう	700

の

のーと	ノート	248
のど	のど	953
のどが かわく	のどが かわく	511
のぼる	のぼる	574
のみもの	飲み物	442
のむ	飲む	441
のりかえる	のりかえる	740
のりば	のりば	760
のる	のる	736

は

は	は	417
～は ちょっと……	～は ちょっと……	828
ぱーてぃー	パーティー	719
はい	はい	9
ばいく	バイク	755
はいしゃ[さん]	はいしゃ[さん]	961
はいる	入る	414
はいる	入る	487
はがき	はがき	699
はく	はく	325
はこ	はこ	259
はさみ	はさみ	258
はし	はし	493
はし	はし	787
はじまる	はじまる	559
はじめ	はじめ	915
はじめて	はじめて	625
はじめまして。	はじめまして。	26
はじめる	はじめる	720

ばす	バス	756
ぱすた	パスタ	466
ぱすぽーと	パスポート	986
ぱそこん	パソコン	261
はたらく	はたらく	199
はち	はち	126
はちにん	はちにん	58
はな	花	619
はな	はな	950
はなす	話す	157
ばなな	バナナ	434
はなび	花火	623
[お]はなみ	[お]花見	621
はねだ	はねだ	376
はは	母	32
はやい	はやい	407
はやい	はやい	408
はやく	はやく	970
はらう	はらう	651
はる	はる	615
はん	半	274
ぱん	パン	438
ばんぐみ	ばんぐみ	607
[あんしょう]ばんごう	[あんしょう]ばんごう	688
ばんごはん	ばんごはん	423
はんさむな	ハンサムな	291
〜ばんせん	〜ばんせん	746
ぱんだ	パンダ	351
ぱんち	パンチ	255
ぱんつ	パンツ	328
	ひ	
ひ	日	520
ぴあの	ピアノ	554
びーる	ビール	456
ひがし	東	788
ひく	ひく	556
ひく	ひく	934
ひくい	ひくい	299
ひこうき	ひこうき	758
びざ	ビザ	987
[お]ひさしぶりです[ね]	[お]ひさしぶりです[ね]	982
びじゅつ	びじゅつ	1010
びじゅつかん	びじゅつかん	542
ひだり	左	785
ひっこし	ひっこし	873
びでお	ビデオ	931
ひと	人	286
ひとつめ	1つ目	793
ひとり	ひとり	51
ひとりで	一人で	962
ひまな	ひまな	203
ひゃく	百	643
びょういん	びょういん	944
びょうき	びょうき	943
ひらがな	ひらがな	168
ひる	ひる	395
びる	ビル	866
ひるごはん	ひるごはん	422
ひるやすみ	ひる休み	202
ひろい	ひろい	889
ひろしま	ひろしま	390
	ふ	
ふぃりぴん	フィリピン	83
ふうとう	ふうとう	706
ぷーる	プール	571
ふぉーく	フォーク	495
ふく	ふく	306
ふくおか	ふくおか	391
ふじさん	ふじさん	383
ふたつめ	2つ目	794
ぶたにく	ぶた肉	428
ふたり	ふたり	52
ぶちょう	ぶちょう	232
ぶっか	ぶっか	656
ふとん	ふとん	847
ふなびん	ふなびん	710
ふね	ふね	759
ふべんな	ふべんな	881
ふゆ	ふゆ	618
ぶらじる	ブラジル	93
ふらんす	フランス	96
ふる	ふる	594
ふるい	古い	892
ぷれぜんと	プレゼント	717

[お]ふろ	[お]ふろ	413
〜ふん	〜分	273
〜ぷん	〜分	273

へ		
へえ	へえ	1031
へたな	へたな	529
べっど	ベッド	843
べつべつに	べつべつに	503
べとなむ	ベトナム	84
へや	へや	837
べんきょう	べんきょう	107
[お]べんとう	[お]べんとう	464
べんりな	べんりな	880

ほ		
ぼうし	ぼうし	333
ほーむすてい〈する〉	ホームステイ〈する〉	365
ぼーるぺん	ボールペン	251
ほかに	ほかに	502
ぼく	ぼく	908
[けんこう]ほけんしょう	[けんこう]ほけんしょう	964
ほしい	ほしい	673
ぽすと	ポスト	697
ぼたん	ボタン	693
ほっかいどう	ほっかいどう	379
ほっちきす	ホッチキス	256
ぽっぷす	ポップス	552
ほてる	ホテル	360
ほん	本	173
ほんとう	ほんとう	997
ほんとうに	ほんとうに	632
ほんや	ほんや	187

ま		
まいあさ	まいあさ	397
まいにち	まいにち	145
まいばん	まいばん	398
まえ	まえ	803
まえ	まえ	1019
まがる	まがる	779
まける	まける	578
まず	まず	685
また	また	1024
まだ	まだ	1016
また いらっしゃってください。	また いらっしゃってください。	897
また こんどおねがいします	また こんどおねがいします	830
まだまだです	まだまだです	530
まち	町	366
まつ	まつ	815
まっすぐ	まっすぐ	778
[お]まつり	[お]まつり	354
〜まで	〜まで	283
までに	までに	1025
まど	まど	838
まれーしあ	マレーシア	85
まわす	まわす	933
まん	万	645
まんが	まんが	561

み		
みがく	みがく	418
みかん	みかん	437
みぎ	右	786
みじかい	みじかい	305
みず	水	443
みせ	みせ	660
みせる	見せる	677
みち	みち	777
みっつめ	3つ目	795
みどり	みどり	885
みなさん	みなさん	1029
みなみ	南	790
みみ	耳	951
みゃんまー	ミャンマー	86
みる	見る	403
みるく	ミルク	448
みんな	みんな	288
みんなで	みんなで	546

む		
むかえる	むかえる	346
むずかしい	むずかしい	536
むだな	むだな	994
むりな	むりな	978

め		
め	目	300
めいし	めいし	244

～めーとる	～メートル	797
めーる	メール	702
めがね	めがね	335
めきしこ	メキシコ	92

も

もう	もう	1015
もう いちど	もう いちど	160
もう いっぱい	もう いっぱい	514
もう すこし	もう 少し	164
もうすぐ	もうすぐ	1021
もくようび	木よう日	138
もし[～たら]	もし[～たら]	937
もしもし	もしもし	214
もちろん	もちろん	634
もつ	もつ	341
もっていく	もっていく	606
もってくる	もってくる	605
もの	物	718
もみじ	もみじ	624
もらう	もらう	715
もんだい	もんだい	192

や

～や	～や	661
～や～[など]	～や～[など]	638
やきゅう	やきゅう	583
やくそく〈する〉	やくそく〈する〉	817
やくに たつ	やくに たつ	221
やさい	やさい	432
やさしい	やさしい	295
やさしい	やさしい	535
やすい	安い	642
やすみ	休み	201
やすむ	休む	200
やちん	やちん	875
やま	山	575
やめる	やめる	1013

ゆ

[お]ゆ	[お]ゆ	444
ゆうびんきょく	ゆうびんきょく	696
ゆうめいな	ゆうめいな	486
ゆーもあ	ユーモア	296
ゆき	ゆき	593
ゆっくり	ゆっくり	158
ゆびわ	ゆびわ	339
ゆめ	ゆめ	1003

よ

ようじ	ようじ	818
ようび	よう日	133
よかったら～	よかったら～	825
よく	よく	165
よく	よく	772
よこはま	よこはま	377
よにん	よにん	54
よぶ	よぶ	940
よむ	読む	172
よやく〈する〉	よやく〈する〉	359
よる	よる	396
よわい	よわい	581
よん	よん	122

ら

らーめん	ラーメン	465
らいげつ	らいげつ	924
らいしゅう	らいしゅう	921
らいねん	らいねん	611
らじお	ラジオ	405

り

りゅうがく〈する〉	りゅうがく〈する〉	1004
りゅうがくせい	りゅうがくせい	105
りょう	りょう	865
りょうしん	りょうしん	30
りょうり	りょうり	460
りょこう〈する〉	りょこう〈する〉	357
りんご	りんご	435

れ

れい	れい	193
れいぞうこ	れいぞうこ	860
れすとらん	レストラン	488
れぽーと	レポート	185
れもん	レモン	436
れんしゅう〈する〉	れんしゅう〈する〉	188

ろ

ろーまじ	ローマ字	171
ろく	ろく	124
ろくにん	ろくにん	56
ろしあ	ロシア	94
ろっく	ロック	553

ろびー	ロビー	362
ろぼっと	ロボット	1030
わ		
わあ	わあ	728
わいん	ワイン	457
わかい	わかい	886
わかりました	わかりました	1046
わかる	わかる	162
わしつ	わしつ	845
わすれる	わすれる	191
わたし	わたし	1
わたる	わたる	780
わるい	わるい	590
を		
~を ください	~を ください	636

일본 유학은 HED 와 상담하세요.

1984 년부터 많은 스토리를 만들어 왔습니다.
각 분야의 전문 사이트 참조

한국유학개발원
www.hed.co.kr

일본대학교정보센터
www.univ-hed.co.kr

일본대학원정보센터
www.grad-hed.co.kr

일본전문학교정보센터
www.prof-hed.co.kr

일본중고등학교정보센터
www.high-hed.co.kr

홈스테이인재팬
www.homestay-in-japan.co.kr

〈 기타 개별 학교 사이트 〉

□ 동경외어전문학교 : www.tflc.co.kr   □ 메이케이학원고등학교 : www.meikeiheigh.co.kr
□ 관서외어전문학교 : www.kansaicollege.co.kr   □ 쇼린고등학교 : www.shorinhigh.co.kr
□ 인터컬트일본어학교 : www.inter-cult.co.kr   □ 센다이이쿠에이고 : www.sendai-high.co.kr
□ 아크아카데미어학교 : www.arc-korea.co.kr   □ 오사카 건국고등학교 : www.keongkuk.co.kr
□ 중앙공학교부속어학교 : www.chuojalan.co.kr   □ 코리아국제고등학교 : www.kiskorea.co.kr

〈 문의 / 접수 〉 HED 한국유학개발원 / 전화 : 02-552-1010 / 이메일 : hedc@hed.co.kr
주소 : 서울특별시 서초구 강남대로 381, 두산빌딩 709 호 (강남역 6 번 , 7 번 출구 사이)

㈜해외교육사업단 발행 도서

일본유학시험(EJU)
2019년 1회 기출문제
(매년 2회 시험분 발행)

일본유학시험(EJU)
대비 개념서 하이레벨
종합과목 개정 제2판

일본유학시험(EJU)
대비 개념서 하이레벨
이과 물리·화학·생물 개정판

일본유학시험(EJU)
대비 개념서 하이레벨
수학 코스1

일본유학시험(EJU)
모의시험 10회분
일본어 기술·독해

일본유학시험(EJU)
모의시험 10회분
일본어 청독해·청해

일본유학시험(EJU)
실전문제집(10회분)
일본어 기술·독해 vol.1

일본유학시험(EJU)
실전문제집(10회분)
일본어 청독해·청해 vol.1

일본유학정보도서
일본대학 학과도감

일본유학정보도서
일본 고등학교 유학가기

일본유학정보도서
일본 유학으로 성공하기

일본유학정보도서
일본 유학 수속 가이드

▶ 판매처 : 교보문고, 영풍문고, 예스24, 알라딘, 인터파크 (각 서점 및 사이트에서 구입 가능)

▶ 해외교육사업단 : 전화 02-552-1010/ 팩스 02-552-1062/ 이메일 hedc@hed.co.kr

발행도서 안내 : www.hedgroup.co.kr

일본유학, JLPT·EJU대책, 진학·취업지원
일본어교사양성, 기업연수, 취업소개, 교재출판

세계로의 다리, 질 높은 일본어교육
ARC アークアカデミー
ARC ACADEMY

ARC 그룹 1986년 창립

아크아카데미 신주쿠교 ARC도쿄일본어학교

ARC오사카일본어학교 ARC교토일본어학교

www.arc-k.co.kr (한국어)

한국연락사무소

HED 주식회사 해외교육사업단

서울특별시 서초구 강남대로 381, 두산 709호

전화 : 02-552-1010 / 팩스: 02-552-1062

홈페이지: www.hed.co.kr

<저자> 아크아카데미
1986년 창립. ARC그룹교로서 ARC도쿄일본어학교, 아크아카데미 신주쿠교, 오사카교, 교토교, 베트남교가 있다. 일본어교사양성과의 졸업생도 1만명을 넘어, 일본어를 통하여 사회공헌할 수 있는 인재육성을 목표로 하고 있다.

감수　엔도 유미코
와세다대학대학원 일본어교육연구과 석사과정 수료
아크아카데미 신주쿠교 교장

집필　우스이 히로미
와세다대학 제1문학부 일본문학과 졸업
ARC 도쿄일본어학교 강사

협력　세키 리키
ARC 도쿄일본어학교 전임강사

합격필승 일본어능력시험 N5 단어장 1000

발　행　일 : 2020년 12월 01일(초판)
저　　　자 : 아크아카데미
발　행　인 : 송 부 영
발　행　처 : (주)해외교육사업단
출 판 등 록 : 제16-1456호
주　　　소 : 서울특별시 서초구 강남대로 381, (두산709호)
전　　　화 : 02-736-1010
이　메　일 : song@hed.co.kr
홈 페 이 지 : www.hedgroup.co.kr

*본사에서는 소중한원고, 새로운 기획의 제안을 기다리고 있습니다.
*이 책은 저작권법에 의해 보호를 받는 저작물이므로 무단 전재와 복제를 금합니다.
*잘못된 책은 구입하신 서점이나 본사에서 교환해드립니다.
ⓒARC ACADEMY Japanese Language School 2017
Originally Published in Japan by Ask Publishing Co., Ltd., Tokyo